高端训 著

刷新品牌

中信出版集团 | 北京

图书在版编目（CIP）数据

刷新品牌：用大数据重塑营销模式/高端训著. -- 北京：中信出版社，2019.7
ISBN 978-7-5217-0675-8

Ⅰ. ①刷… Ⅱ. ①高… Ⅲ. ①品牌营销 Ⅳ. ①F713.3

中国版本图书馆CIP数据核字（2019）第098876号

刷新品牌——用大数据重塑营销模式

著　　者：高端训
出版发行：中信出版集团股份有限公司
　　　　　（北京市朝阳区惠新东街甲4号富盛大厦2座　邮编　100029）
承 印 者：三河市中晟雅豪印务有限公司

开　　本：880mm×1230mm　1/32　印　张：8.75　字　数：178千字
版　　次：2019年7月第1版　　　　　印　次：2019年7月第1次印刷
广告经营许可证：京朝工商广字第8087号
书　　号：ISBN 978-7-5217-0675-8
定　　价：58.00元

版权所有·侵权必究
如有印刷、装订问题，本公司负责调换。
服务热线：400-600-8099
投稿邮箱：author@citicpub.com

爱因斯坦："如果你不能简单地解释它，就表示你不能很好地理解它。"

Albert Einstein, "If you can't explain it simply, you don't understand it well enough."

目 录

序 一　简洁才是力量　陈刚　　　　　　　　　　　　7
序 二　构建平台品牌营销金三角的概念　陆雄文　　　9
序 三　因势利导，脱离极端　杨仕名　　　　　　　　14
序 四　给想经营品牌与会员者的真心建议　别莲蒂　　17
序 五　重实例，重实践，重实战　朱飞达　　　　　　19
序 六　为品牌插上大数据的翅膀　黄丽燕　　　　　　21
序 七　PRRO 与 Uni Marketing 均以数据为动力　节远　24
自 序　当品牌遇到大数据　　　　　　　　　　　　　25

第一章　了解真相：营销视角下的大数据原貌

大数据是未来的石油，但未来企业比的是谁能先把它开采出来！只有大数据的 6 个 V 被全部呈现出来，我们才能看到满地的石油！

大数据、AI、机器人……有什么血缘关系?　　　002
大数据，其实是一头大象!　　　　　　　　　　007
了解大数据 6V，看到满地石油!　　　　　　　　011
大数据分析，计算机专家才能做?　　　　　　　015

谁是白宫的第一位大数据科学家？ 020
非要全垒打球星不可吗？推翻经验法则的应用 023
大数据，一定要大投资？ 028

第二章 品牌重塑：大数据时代的营销之道

大数据狂潮，正在推翻很多传统品牌的经营思维。未来每一个企业品牌的生存与转型，都必须跟科技结合。

大数据狂潮，如何颠覆7个传统品牌经营观念？ 034
大数据时代4种产业发展机会 040
企业品牌转型需要ABCDEF 043
网络品牌，形塑新经济 062
经营平台品牌，避免失衡痛苦 067
经营内容品牌，PRRO取代AIDA 074
大数据品牌法则之一：该做品牌电商还是加入平台？ 081
大数据品牌法则之二：这些东西，别放在网上卖！ 086
大数据品牌法则之三：网络品牌，第二名的求生之道 091

目 录

第三章　平台构建：利用大数据运营的关键策略

平台建设不一定要烧大钱，网络品牌的成长，仰赖的是网络效应。完整的平台营销，涵盖"UI 的设计策略""供给面营销策略""需求面营销策略"。

大平台一定要烧大钱吗？	096
平台营销的金三角	100
留住顾客的 UI 设计 8 大原则	103
让平台卖家大增的 7 个供给面策略	108
让平台用户爆发的 7 个需求面营销策略	119
平台营销的 4 种网络效应	131

第四章　预测营销：大数据分析与精准预测

预测分析跟传统商业分析最大的差别在于，我们不再是分析一整群顾客的行为，而是预测每一个顾客的个别行为。

大数据的商业分析与预测分析	140
商业分析 6 步骤：商业分析要有观点	145
预测分析 6 步骤：建立精准模型	150
商业分析，营销主管该关心的 9 个议题	156

预测分析，营销主管应关心的 9 种个人行为	161
商业分析算法，解决 80% 的工作难题	166
预测分析算法，创造另外 80% 的价值	171
大数据分析，从数据清理开始	179
大数据分析，要问对问题	187
预测营销，6 个 KPI 检视成效	190

第五章 新会员法则：大数据会员营销四部曲

企业若从第一天开始，就建立以会员为经营导向的文化，将在大数据时代，实现稳定而持续的增长。

还在经营粉丝吗？直接跟会员沟通才是王道	200
大数据时代，你一定要了解的 6 种顾客	204
先决定会员类型，再决定如何营销！	208
预测营销不是心理学，而是行为科学	212
大数据会员营销四部曲之以 RFM 为客户群分级	217
大数据会员营销四部曲之设定会员分级权益	223
大数据会员营销四部曲之创造入会渴望，大量吸引会员	228
大数据会员营销四部曲之会员营销，创造高业绩	231

第六章　打破迷思：品牌的不败法则

要建立一个成功的品牌，战略与战术必须齐头并进。

大数据营销的迷思	240
不败的品牌成功法则	244

序一
简洁才是力量

陈刚

北京大学新闻与传播学院广告学系系主任

北京大学现代广告研究所所长

我们流行一句话，学者的主要工作就是把简单问题复杂化。作为一名研究新媒体营销的教师，我看到这本书时吃了一惊。大数据营销对传统的品牌模式带来巨大的挑战，也是营销研究领域非常前沿的问题，应该说，这个问题的解决方法还在探索中。而《刷新品牌——用大数据重塑营销模式》这本书，每一个章节字数都不多，它可以这么简洁地让大家了解大数据与品牌的关系吗？

作者着重强调爱因斯坦的一句话：如果你不能简单地解释它，就表示你不能很好地理解它。翻阅完这本书，我很有感触。作者对大数据、人工智能这些技术变革有非常深入的研究和思考，所以才能把很复杂的事情，用简洁、有趣、清晰的方式，让大家迅速融入并理解。

这是一本很有质感的书。书中的内容干货满满。作者有丰富的商业经验，对数字技术的变化把握准确，所以在研究和洞察中，形成专业性的、前瞻性的思考。这本书，让眼花缭乱的数字技术奇观化繁为简，可以帮助处于迷茫和困惑的人，找到可操作可执行的商业路径。

技术的迭代升级还在不断加速，其对传统的品牌模式包括现在看起来似乎很新的品牌创新的颠覆还在持续。5G（第五代移动通信网络）将带来企业的物联网革命，当企业的生产方式进入AI（人工智能）时代，相信未来的品牌模式一定不同于以往的任何品牌模式，而这种变化是我们所处的大时代巨变中最有魅力之处。

序二
构建平台品牌营销金三角的概念

陆雄文

复旦大学管理学院院长

如何在大数据时代发展与提升品牌影响力，这是一个全新的问题。一方面，传统的品牌发展理论与实践，并不一定能够支持新时代的品牌竞争与发展的要求；另一方面，新时代的技术创新日新月异，为品牌塑造和提升提供了更多的可能性，可谓挑战与机会并存。

高端训先生不仅曾经成功领导了多个跨国公司的品牌发展，而且还兼任多所大学的教授，给研究生和EMBA（高级管理人员工商管理硕士）学生讲授品牌创新管理和大数据品牌营销的课程。他不仅实践经验丰富，而且理论基础扎实，又善于学习和思考。我原本同他素昧平生，但是我曾指导过的EMBA学生曹原彰先生同他曾是王品集团的同事，对他赞誉有加，将他引荐给我，并把他的这本新书《刷新品牌——用大数据重塑营销模式》推荐给我。我读了之后很受启发，因此接受端训的邀请，为他这本著作写序。

大数据时代的到来，使企业品牌的塑造有了更多的手段和方法，个性化地与顾客沟通成为主流的选择，但同时品牌之间的竞争也更激烈。相对来说，沟通的成本随着竞争的加剧也会直线上升。所以，品牌发展的挑战也让许多企业陷入困境，速度、流量和口碑成为企业必须关注的焦点，品牌发展和提升的策略也需要加以调整，传统的方式甚至需要被颠覆。

这本书的价值在于从理论上探讨了大数据时代网络品牌与实体品牌的区分，又将网络品牌进一步细分为平台品牌、内容品牌和网站品牌，不同的企业应该怎样根据资源、能力和环境条件做出适合的品牌选择。

我认为这本书最重要的贡献是提出了使用者界面（user interface，UI）、供给方（supplier）、需求方（consumer）三方的平台品牌营销金三角的概念。在传统的品牌营销时代，供给方会采用各种有形无形的手段向需求方推送信息，但有了网络平台以后，信息的沟通表面上看更加方便、更加迅速、更加无所不及，但是需求方也因此会抗拒很多信息的接收，他们会做出判断和选择：接收或拒绝。品牌之间的信息沟通竞争更加激烈，成本也因此会急剧上升。所以如何有效地利用平台的界面成为品牌发展和提升的重要考量。基于这样的分析，端训从供给侧和需求侧两个方面探讨了各种可能的策略，其目的是希望通过促进平台的供给与需求双方的流量的大幅增长来促进更多的信息交换，以此来平衡供求，这就是网络界面的价值，也因此可以促进品牌的影响力的扩展。

端训还提出在大数据时代品牌发展的战略目标是不变的，都是要去建立品牌的有形和无形资产，但是在品牌发展的策略方面，却可以利用新兴的网络技术、大数据挖掘技术来发展新的沟通策略，包括会员推荐、影音直播、粉丝深耕等。

端训在理论上建立分析的框架和逻辑的同时，也辅之以很多实例佐证与说明，因此这样一个框架对实践可以起到有效的理论指导作用。我觉得端训更难能可贵的是，提出要做好大数据时代的品牌营销，掌握基础的统计知识和对大数据分析的软件知识是必要的，但更重要的是要有产业经验和商业见解。这样的认识反映了端训对网络经济的深刻理解和洞察。

最近一段时间，我考察过若干个新创企业。这些新一代企业的创业家都非常年轻，并经过良好的、科学的训练，对网络技术、数据挖掘技术、统计软件有精到的把握，很多人都是这方面的专家，但是在发展商业模式和产品服务方面，却受制于他们的产业经验、生活阅历的不足。这也印证了端训的上述认识。

最后，能不能在网络经济时代塑造强有力的、能够征服顾客的品牌，本质上还是要能够深刻洞察顾客的内心和偏好，然后有效地利用大数据技术和网络平台来整合资源，创造和传递对顾客来讲不能抗拒的、高性价比的产品和服务，这才是品牌发展的王道。

这本书是跨入大数据时代的大门以后端训对于品牌营销战略的理论和实践的探索之作。实践的创新总是快于理论的发展，因此端训的一些观点、见解和策略也需要随着时间的推移、数字经济的发展而不断地更新和升级。大数据时代为我们开辟了未来无限的可能性，也因此为我们设置了每个阶段的局限性。但是无论如何，端训的探索和实践的精神和勇气都难能可贵，令人称赞，尤其当他感知到大数据时代来临的时候，毅然放下工作，全职去美国加州大学进修大数据预测科学，不仅反映了端训的超前敏锐性和迎接未来的勇气，也反映了他严肃的科学精神和热忱的求知态度。

端训在这本书的结尾也提出来，面对改变唯一不变的就是知识与勇气。端训通过写作总结自己的思考和实践，同更多的读者来分享他的思想和见识，引领更多的企业高管与营销人员去接受未来的挑战，并帮大家建立起面向未来的互联网思维和品牌战略发展的框架，充分体现了他对"知识与勇气"的信仰。其实近几年来，我也一直对我的 EMBA 和 MBA（工商管理硕士）学生、校友讲，面向未来的机会和挑战、面向未来的不确定性，我们唯一可以依赖的就是智慧与勇气。智慧不仅是学习目前为止既有的知识，而且还要有一种学习能力，能够不断地去学习、认识、理解未来新的知识，而且自己也要亲身参与到未来知识的创造过程当中去，才能够去克服今天还不能感知的困难，创造对今天来说还不确定的解决方案，这才是真正的智慧。面向未来的勇气也不再是草莽英雄时代的胆量和盲动，而是基于知识、基于智慧的判断和胆识。勇气属于智慧的一部分，是智慧的延伸和溢出，它能引领我们去冒值得冒的险，开辟不确定的光明未来。

序三
因势利导，脱离极端

杨仕名

香港大学 SPACE 中国商业学院教务长（学务）

香港大学专业进修学院金融商业学院署理总监

与 Simon[①] 结缘是因为一位学员的介绍，其实我早就听闻过这位营销专家。刚好我的专业也是营销，能有机会跟他认识正好是同行遇上同行。他在奥美以及王品工作过，现在又在做咨询服务，我与他实在有聊不完的共同话题。尤其是 Simon 钻研了很长时间的大数据和品牌，现在把这些想法归纳成书，我已经既羡慕又妒忌，最后居然能帮他写篇序，这实在是我的荣幸。

这几年我一直在中国内地讲课，我观察到两个现象。第一，因为中国人多、数据多，要进行各种建模、测试都相对容易，所以大数据的应用在中国内地是很有条件的。对很多企业来说，大数据仿佛是开发的一座全新的金矿，十倍甚至百倍的

---

① 本书作者英文名。——编者注

营销投入回报不再是传说，而是键盘上的真实结果。所以很多内地企业或营销人都对大数据趋之若鹜。本来这是好事，比原来凭空想象、无序发展的想法好多了。可是钟摆很少停在平衡点，常常从一边摆到另一边，从一个极端走到另一个极端。很多企业开始只重数据不谈营销了，没有了长远部署，只为了短期效益。这种急功近利的心态非常严重。我们真的要问一下，这种发展对品牌真的有利吗？会为市场带来健康的成长吗？

第二，另一个现象也是一种极端。曾经有一段时间，都说没有品牌，企业没法走远路，于是各种品牌概念，例如品牌定位、品牌性格、消费者画像都成为营销人朗朗上口的金科玉律。不过互联网的出现，让很多行业的准入门槛大幅下降。微信的网店、网红，Youtube（视频分享网站）的Youtuber（Youtube 上的人）等，都在冲击传统品牌的根基。于是又有人问：在互联网时代，品牌还有存在的价值吗？

Simon 这本新作很好地解答了上述问题。大数据营销仍然是营销，仍然要满足消费者的需求。再好的算法也不能代替对消费者的重视和理解。当品牌有了大数据分析结果的支持，可以给消费者更好的方案，更优质和更量身定制的服务，只有这样，品牌才能够一直往前走，与竞争者做出区分，信赖也会一直增长，而信赖正是品牌的基石。互联网时代真假信息泛滥，消费者越难辨别时，优质品牌的价值就越高。

当然 Simon 的书远不止这些内容，除了对大数据知识的梳理外，还包括大数据和品牌的互相支持，品牌的新发展，包括平台化、故事的应用，以及在 UI/UX（用户界面/消费体验），使用者互动及体验上的改进等。这本书还配有各种案例，是营销人温故知新的思考良伴。我们读书，就是为了破除成见，吸纳别人的成功经验，学习好的思考方法，关于这几点这本书都做到了。

只有一点，我可要和 Simon 唱反调。他认为想学算法，想学系统建模的人不适合看这本书。我倒是希望他们也能看看，这样才会了解营销人的想法，我们沟通起来也不会那么困难。这样世界会更美好，不是吗？

序四
给想经营品牌与会员者的真心建议

别莲蒂

台湾政治大学企业管理学系特聘教授

接到 Simon 的邀约为他的新书写序，我二话不说便答应了，连新书的主题和内容都没问，因为我自己想先睹为快。根据过去读 Simon 著作和听他演讲的经验，以及他一贯不藏私与深入浅出的风格，这本书一定又可以让我学习到不少新观念，并启发我获得新想法。

果然，Simon 在一开始就告诉"潜在读者"，这本书不适合想学算法和建置系统的人。真诚实！Simon 并没有打算诱骗不合适的顾客上门。这本书也正如 Simon 自己所强调的，可以协助想从事大数据营销的企业家或主管建立基本的态度和期待，甚至转变观点。

这本书架构清晰，先建立读者对于大数据营销的基本观念并澄清常见迷思，再介绍具体实施步骤，包括商业分析和预测分析，以及一些分析方法和模型的简介与功能，最后再度强调一些应该修正的迷思。这本书的架构明确得像一本教科书，这应该与 Simon 这几年累积的教学经验有关，因此，非常适合读者自学。

我个人最喜欢书中的一些提醒，因为它们与我个人的观点和经验完全契合。例如：书中为供给面和需求面各整理出的 7 种营销策略，清楚地点出了平台营销策略不是只有补贴政策或是免运费策略。又如，在介绍商业分析和预测分析时，先提醒大多数企业的原始数据就可以进行商业分析。其实也有不少企业家向我询问如何做大数据分析或是建立会员制度，可是稍微深谈后，我就发现，很多企业连手上现有资料的分析都还没做好做透，真的太可惜了。数据分析前的清理数据步骤，更是重要的提醒。就我帮企业分析数据库的经验来看，若是多年未曾清理的数据，常常只能留下 1/5 甚至 1/10 的有效干净数据，所以，我也衷心建议有数据库的企业，要养成定期维护顾客数据的习惯。

Simon 根据他的经验和观察，为读者整理了营销策略、需关心的顾客类型与行为、会员制度类型、互动活动类型……全书有非常多这类 Simon 学到或是体会到的分类总结，对于营销实务操作者来说是非常实用的，因此，读者可以把这本书当作参考工具书放在案头，以激发灵感。

我的结论是，若是曾读过 Simon 上一本书的读者朋友，可以通过这本实用的新著，成为 Simon 的读者会员。或许，Simon 可以开始经营他自己的读者会员数据库了！

序五
重实例，重实践，重实战

朱飞达

新加坡管理大学终身教授

Symphony Protocol[①] 创始人

大数据是我们这个时代的新石油，这几乎已经是尽人皆知的事了。随着人工智能的日益流行，这片新石油的价值和威力也被不断地提炼开发出来，影响、改变甚至颠覆着各行各业。由此，市场上关于大数据的各类书籍也层出不穷，八仙过海，各显神通。然而，当高老师请我为他的新书作序，让我有机会提前阅读后，我还是惊喜于其对大数据深植于商业实践，尤其是品牌运营的探索、总结和思考。

我认为本书有以下几个特点。

第一，重实例。不同于一般大数据书籍中常见的罗列概念、堆砌术语，高老师的介绍循序渐进、深入实际，对每个抽象的概念都辅以丰富具体的案例，娓娓道来，并且在关键点加以恰到好处的点评，帮助读者从日常鲜活而又复杂的商业现象中看到其成败的根本原因。这在贯穿本书的无数生动案例中处处可见，

---

① 一家基于区块链的协议公司。——编者注

因此，这本书读来毫不枯燥，又给读者留有自我思考的空间。

第二，重实践。高老师在两家知名企业12年的"品牌经营"的深厚积累，使得他能把大数据这把利刃真正砍在企业的弱点和软肋上，如"营销主管该关心的9个议题"和"营销主管应关心的9种个人行为"等内容。这些在深耕行业多年基础上提炼出来的宝贵洞察和犀利视角，是把大数据在商业实践中真正用好的决定性因素。

第三，重实战。不少大数据书籍虽富于前瞻性，但止于分析，读起来繁花似锦，而对一线从业人员来说，遇到具体工作问题，仍然会感觉无从下手。高老师在这本书中，基于个人丰富的生活及工作经验，分享了大数据在生活中的应用、在工作中的实践，步骤细致，可操作性很强。如在"经营内容品牌，PRRO取代AIDA"一节中，高老师用自己在上海工作时针对用户点评提升的具体方法，展示了实际的成功案例。又比如"商业分析6步骤""6个KPI检视成效"和"会员经营四部曲"，相信能给每个苦恼于如何具体运用大数据驱动商业智能的从业人员带来启发和帮助。

人类已经进入数据驱动的智能经济时代。如何能让大数据和商业智能真正"以人为本"，达到"互汇""互慧"和"互惠"的境界，这是需要我们每个人一起来思考和努力的，希望大家都能像我一样，从高老师的这本书中有所收获。

序六
为品牌插上大数据的翅膀

黄丽燕

李奥贝纳集团执行长暨大中华区总裁

这几年来,社会上总不乏各种新的名词,尤其是在大数据领域里。这些新名词让我们忧心忡忡,害怕自己跟不上时代发展的脚步。但进一步了解大数据后,你会发现其实"数据"本就存在于每个品牌或商家手上。数据不在"大",而在"活",不要只追求大的数据,而是要看到活的数据;数据不要拿来就用,更要思考如何活用。

台湾人说,"状元子好生,生意子歹生"。大数据结合了两者,你既要像"状元子"一样用功,又要有"生意子"锐利的洞察力与灵活的思考力。"生意子"走进市场,他会先仔细观察,然后提出对市场的大胆"假设",有了大数据后,又能像"状元子"一样通过活的数据来验证答案。

好的品牌经营者,往往也是善于提出关键假设的人。他们会去思考消费者在生活中的需要,品牌在其中可以扮演的角色,以及在这个角色里,品牌如何发挥出有差异的价值。

品牌的资源有限，不可能在消费者生活中扮演所有角色，况且消费者也不会全部买单。因此，根据自己的所长，集中力量做出最有区分度的品牌，就是"生意子"的智慧。

加入大数据的思维后，品牌经营就会如虎添翼。我们可以从数据中观察人们真实的需要，找到有凭有据的洞察力；发掘人们的行为模式，建立起正确的模型；甚至在不同的替代品或服务数据中，发挥竞争的优势，找到品牌竞争的利基，发挥"状元子"的知识力。此书给出逻辑清晰又系统的观点，让我们在大数据里不只是有迹可循，更是有"基"可"成"。

此外，大数据更加速了我们的行动力。过去，品牌定位的设定与调整，需要经过较长的验证过程，在一次又一次的营销活动完成后，才能渐渐确定品牌的目标是否精确。然而，有了大数据后，如同作者所言，从"大鱼吃小鱼"的时代，进入了"快鱼吃慢鱼"的世界，经营者可以随时观察数据的变化，确认自己的方向是否正确。

大数据虽然好处多，但更考验我们抓重点的能力。小时候你一定遇到过这样的同学：打开课本，几乎用荧光笔画满整本书，"所有都是重点"就等于"没有重点"。正因大数据太大了，过度用功的"状元子"不一定吃香，会抓生意重点的人更为重要。我最近协助许多台湾地区的中小企业做品牌化经营，最常遇到的状况就是台湾地区厂商的产品在当地做得超级好，但一旦进入全球市场，总是缺乏单一、明确、闪亮的品牌核心主张，在寻找核心主张的过程中，往往过于贪心，抓不住重点。企业少了核心的品牌主张，自然难以形成差异化的价值，更难提出最关键的假设，就算拥有高含金量的大数据，也不知要从其中验证什么，最终只能在数据的海洋中迷航。

如同 Simon 书中所言，大数据仍是服务于品牌策略的战术。在运用这个火力强大的武器时，首先不要忘记你的靶在哪里，然后再运用大数据，更快地确认自己的目标是不是正确，随时微调目标与战术。让我们成为那条灵巧、有狠劲又精准的"快鱼"，以"状元子"的知识，灵活做出正确的决策！

序七
PRRO 与 Uni Marketing 均以数据为动力

节远

阿里巴巴人工智能实验室资深市场专家

有幸提前拜读端训先生的新书,在各种营销"套路""奇招"层出不穷的时代,PRRO 理论 [即 Platform(平台)、Review(评价)、Reliance(信赖)、Order(购买)] 的提出让人印象深刻。

这个基于大数据的理论洞察,在社交电商时代尤其值得注意。这也和阿里巴巴经济体这几年一直践行的 Uni Marketing(即全局营销理论)不谋而合。

PRRO 理论和全局营销理论都是以数据技术为动力,把花费变投资,实现全链路、全媒体、全数据、全渠道的智能营销方式。

自序
当品牌遇到大数据

爱因斯坦说:"如果你不能简单地解释它,就表示你不能很好地理解它。"

大数据的应用,可以深入企业的每个角落,然而人们闻"数"色变,甚至把企业无法解决的问题,都归咎于没有"大数据"。正如我去美国进修大数据预测科学时,有人问我:"你为什么会来念这个学科?"言下之意,这门学科不是从事商业活动的人应该来念的。

原来大数据是一门横跨信息科学、统计学及实务领域的知识,信息专家及统计学者已经把大数据推向神坛,让人望而却步。然而,当我越了解大数据的知识,就越觉得实务领域知识的重要性。许多专家都一致认为,大数据如果没有导入实务应用,就一无是处。

当了解了这些背景之后,你可以不用再那么害怕,因为你长期以来所累积的产业知识,正是解读大数据最好的养分。

可以说,大数据的解读需要相关的产业知识。就以我最擅长的品牌管理来说,大数据绝对可以帮助网络时代的企业建立品牌,而建立新时代的品牌需要大数据,两者已经缺一不可。

所以，我决定以一个实务领域工作者的身份，通过自身对大数据科学的了解，用品牌营销人最擅长的消费者语言，跟大家分享大数据的知识以及应用，中间没有高深的IT（信息技术）知识、复杂的统计算法，最重要的是观念以及大量的案例。

回应爱因斯坦所说的，只有用简单的方法解释它，才能让你更好地理解它，这就是我写本书的初衷：让每一家中小企业者、每一个品牌营销工作者，都能看得懂、用得上！

我的微信公众号：刷新品牌

关注微信公众号，在对话框输入"PPT"即可获得演讲 PPT。

第一章

了解真相
营销视角下的大数据原貌

大数据是未来的石油,但未来企业比的是谁能先把它开采出来!只有大数据的 6 个 V 被全部呈现出来,我们才能看到满地的石油!

大数据、AI、机器人……有什么血缘关系?

大数据（Big Data）、AI、机器人（Robot）、算法（Algorithm）、机器学习（Machine Learning）、深度学习（Deep Learning）、物联网（Internet of Things，IoT）、传感器（Sensor）……这些名词，我们似乎每天都会看到或听到，当我们还搞不清楚它们到底是什么的时候，媒体却在不断报道我们的工作很快会被其取代，使得我们越来越焦虑！大数据、AI、机器人……有什么血缘关系，如图1-1所示。

图1-1 大数据、AI、机器人……有什么血缘关系

我跟大家有一样的疑惑，但是信息科学对我始终有强烈的吸引力。可能因为我当了四年的程序员，也在计算机补习班教了四年的软件应用，所以我才会在2016年，毅然放下工作，去美国进修大数据预测科学。

我一辈子只从事一份工作，就是"品牌"。第一份工作是在奥美集团，帮助客户打造世界级品牌；第二份工作是在王品集团，努力为自己服务的企业建立多种品牌。要想建立品牌，就要能用简单的语言跟消费者沟通想法，因此现在我想用简单的语言，帮大家厘清这些名词之间的关系。

首先，为什么机器人很厉害？因为它装上了人的大脑，也就是AI。AI也有优劣，就跟人一样，智商有高低之别。机器人厉不厉害，就看它的AI好不好。所以，如果没有AI，机器人就只是"机器"，不是"人"。

其次，AI怎样才能变得厉害？那就要喂它"吃"大数据，没有大数据，AI就不会变强大。大数据就是AI的食物，跟人类一样，吃进去的食物越新鲜、越有营养，AI就会越健康。

再次，AI如何吸收那么多的食物？这就需要像人类学习一样进行学习，也就是所谓的机器学习及深度学习。

最后，AI又怎么能将学习的内容转换成智慧呢？这就要靠算法了。算法决定AI如何学习及学习能力的强弱，因此决定机器人的智商。但算法也有很多种，有预测分析的算法、各类统计的算法、深度学习的算法等。每个会写程序的人，都可能创造自己的算法。AI有了不同的算法，就有了不同的专长，故AI的应用可以分布于不同的领域，如医疗、教育、制造、理财及自动驾驶等领域，就如人类的头脑，每个人都不一样，有人擅长分析，有人喜欢艺术，有人擅长科学，有人偏爱人文，因此也从事各种各样的工作。

不过，算法的好坏，直接影响 AI 的思考及判断，AI 的思考及判断又决定 AI 在某领域是否能够得到良好的发挥。

2016 年，全球首宗自动驾驶汽车撞上大货车的意外，就是由特斯拉（Tesla）的自动驾驶系统，无法辨识强烈日照下的反光大货车，导致未及时做出刹车判断，才酿成的大祸[①]。这就是因为算法从未学习过这类大数据，导致 AI 无法在当下做出正确判断。

总之，健康的食物加上有效的算法，AI 这个大脑才有可能做出正确的判断，如果判断错误，后果则不堪设想。

现代企业如何收集大数据？除了依靠传统的 ERP（企业资源计划）、CRM（客户关系管理）之外，新的趋势就是靠网络、物联网及装设在人们周围的各种传感器了，这些就是机器人的手脚。

至于物联网，就是把生活中的设备连上计算机。这并不是新概念，传统零售业的 POS（销售终端）机与计算机相连，就是物联网的例子。只是网络发达后，你想到的东西都可以连上计算机，例如：运动鞋鞋垫连上计算机网络，会得到你的运动频率、里程数、健康状况；工厂设备连上计算机网络，

---

① https://www.bbc.com/news/world-us-canada-43604440.

可随时获取生产的数据、合格率及设备运转状况；家庭用品如体重秤、电灯、空气净化器连上计算机网络，让你可以随时掌握家人的健康状况、开关各类家电，以及监控家里的空气质量等。

当AI穿上人类的外衣，长得跟人类一样，就变成了AI机器人。有一天，当AI的外衣跟人类的皮肤有一样的质感，我们就彻底分辨不出人和机器人了！

然而，AI机器人会因为大数据、机器学习、算法等，变得越来越聪明。再通过深度学习算法，变得跟人类一样能自我学习。到了那一天，人类的工作到底会不会被替代？

谷歌创办的奇点大学的教授杰里米·霍华德（Jeremy Howard）担心，未来发展中国家80%的工作可能都会被AI机器人取代[1]。无人商店、互联网法庭、机器人帮医生读X光片辨认肿瘤、计算机问诊开处方、大数据抓恐怖分子等，假设这些并非诳语，那么人类的未来将何去何从？

根据目前的发展，AI机器人还学不会一项人类技能，就是"问对问题"。例如谷歌可以为各种各样的问题提供解答，但无法问出一个你需要的问题。

所以，未来学习如何"问对问题"，比"给对答案"更重要，这也将是你最重要的价值！

---

[1] https://www.ted.com/talks/jeremy_howard_the_wonderful_and_terrifying_implications_of_computers_that_can_learn.

品牌笔记

没有大数据，就没有 AI。

未来学习如何"问对问题"，比"给对答案"更重要。

大数据，其实是一头大象！

还记得 2015 年，全球掀起了一股大数据浪潮，无论是主流杂志，还是其他媒体，大数据都成为它们争相报道的热门话题。

这个现象，引起我极大的好奇。我工作了近 30 年，突然间跑出来这么个新"物种"，而我对它又有一点陌生，所以，我决定放下手中的工作，到大数据的源头去一探究竟。

幸运的是，我申请到加州大学欧文分校的大数据课程：大数据预测科学。这并不是一个传统的，充满数学、信息的大数据课程，而是整合了信息、统计、企业应用领域等内容的一门综合课程，也是欧文分校第一次开设的课程。学校为了让这门课程能够成功，直接找来了教科书的作者，在课堂上现身说法。当然，下课后，就变成了另类的粉丝与作者的见面签名会。

在这一节中，我就来谈谈大数据跟我们原来认识的有何不同。

我们都知道一个成语，叫"盲人摸象"。一群盲人遇到一头象，摸到象腿的人，觉得大象像根柱子；摸到象鼻的人，觉得大象像根水管；摸到大象耳朵的人就说："你们都错啦！

大象，其实像把扇子！"

大数据，就像一头突然闯入商业丛林的大象，大家都想知道它是什么。但询问不同知识背景的专家后，我们得到的答案也不一样。所以，大数据真的是头大象（见图1-2），每个人看到的都不一样。

图1-2 大数据是一头大象

许多人以为，网络上的数据，才叫大数据，恐怕这就只见树木，不见森林了。大数据主要有四个来源（见图1-3）。

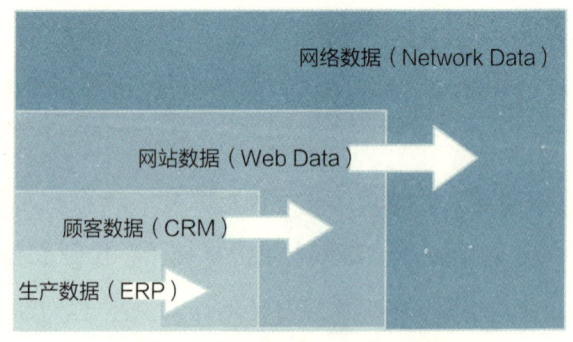

图1-3 大数据不只是网络数据

第一个是企业内部的数据。像是企业资源计划（ERP）系统里，就有许多企业采购、生产的数据。

第二个是企业从外部搜集的数据。像是客户关系管理（CRM）系统里，就有各种关于客户购买行为的数据，还有各种官方发布的社会、经济指标，以及民间组织发布的市场及消费者研究报告等。

第三个是网站（Web）数据。像是会员登录官网的时间、网友浏览网站次数、在电商平台购买产品，以及各种网络付款信息等，都算网站数据。

第四个是网络（Network）数据。它跟网站数据最大的不同是除了计算机、平板电脑、手机、电视机四屏产生的数据之外，还有在物联网、智能制造等互联网以外的网络上所搜集到的信息。

所以，企业的内部与外部以及线上和线下，这四种数据加起来，才是大数据的全貌。

有人说，大数据早就存在，我们早已使用，这种说法只讲对一部分事实，他所指的大数据是传统的企业内部的ERP数据及CRM客户数据。对于网络公司来说，则偏重在网站上的数据。

现在实体企业也有网络上的分身（如官网、粉丝页、顾客在线消费行为等），只有整合了企业内、外，以及线上、线下的所有数据，才能发挥大数据应有的价值，当然这也是最困难的一步。

因此，马云才说"大数据是未来的石油"，但未来企业比的是谁能先把它开采出来！

品牌笔记

企业内部的 ERP 与 CRM，以及线上的网站与网络，这四种数据加起来，才是大数据的全貌。

了解大数据 6V，看到满地石油！

了解了大数据的四大来源后，大数据就不再是不可捉摸的了。大数据在整个企业经营过程中，又可分为6个不同阶段的大数据，即溯源大数据、生产大数据、交易大数据、会员大数据、行为大数据及展店大数据。

只要是大数据，都具备六个特性，即大量（Volume）、多样（Variety）、速度（Velocity）、正确性（Validity）、可视性（Visibility）、价值化（Value），否则，我们只能把它称为"微数据"或一般数据。我把这六个特性称为6V，如图1-4所示。

图1-4 大数据的6V

前三个 V，是在大数据发展初期，由许多专家归纳出来的[①]。

第一个 V 是大量，Volume。随着储存技术的进步，我们可以管理天文数字般庞大的资料。衡量的单位，也从 MB、GB、TB 到 PB[②]。早在 2012 年，脸书储存的数据量，就超过 100 PB，相当于美国邮政过去 20 年递送信件量的总和。

第二个 V 是多样，Variety。大数据的数据形式多样，像是数字、文字、图片、视频、搜索和在线交易，都会留下数据。数据的多样性也提高了数据的储存与分析难度。

第三个 V 是速度，Velocity。当联网的设备越来越多，人们使用网络的频率越来越高，数据就像打开的水龙头一样，每分每秒都在流进数据库；现在每五分钟所增加的数据，大概是 2002 年整年数据量的一倍。所以，企业也必须能够快速接收、处理，并且分析这些数据。

除这三个 V 之外，我去美国进修时，又学到了另外三个新的 V。

第四个 V 是正确性，Validity。数据的正确性，面临网络

---

① https://whatis.techtarget.com/definition/3 Vs.
② Byte(B)是计算机中存储容量的一种计量单位，各种单位之间按照 2^{10} 换算，则 1 PB=2^{10} TB=2^{20} GB=2^{30} MB=2^{40} KB=2^{50} B。——编者注

数据的巨大挑战，最典型的例子就是"同温层"[①]、假新闻、人为操作，甚至机器人响应，造成数据偏差。正确定义资料代表的意义，比盲目追逐大量的数据更重要。

第五个 V 是可视性，Visibility。很多人以为，后台的大数据看不见、摸不着，这种想法其实是不正确的。网络上对品牌的评论，什么字眼被用得最多？对于文字的数据，可以用文字云表示，被用得最多的文字会被放大来表示；对于数字的数据，则有更多的大数据可视化软件可以应用，如 Tableau（商业智能工具软件），以及微软的 Power BI[②] 等。所以，数据其实可以通过可视化软件的呈现，让你看得见，也感受得到。

第六个 V 是价值化，Value。得到了数据，还要知道怎么用，否则投入庞大资源买设备、建系统，却没有意义。大数据要产生价值，除了要结合统计分析、信息工具外，还要结合相关的领域知识，也就是各行各业的专业知识，形成有价值的观点。最后，才能帮助企业做出正确的决策。

这 6 个 V 中，前面 3 个 V 可以说是大数据的本来面貌，后面 3 个 V 是经过加工后的特征。也就是说，只有大数据的 6 个 V 全部呈现出来，我们才能看到真正的大数据，也就是满地的石油！

---

① "同温层"现象是指在网络技术的帮助和主观的选择下，人们往往会选择与自己观念相近的信息，而排斥立场相反的信息。——编者注

② https://powerbi.microsoft.com/en-us/.

品牌笔记

只有大数据的 6 个 V 被全部呈现出来,我们才能看到真正的大数据,也就是满地的石油!

大数据分析,计算机专家才能做?

我从加州大学进修大数据课程回来后,接到台湾政治大学企业管理学系的邀约,让我开设大数据营销课。"你要去教大数据?"一个朋友知道后,竟然连续问了我两次,很意外的样子。

当时我也未反应过来,他为什么会有这样的疑问,回家的路上,忽然想起我在欧文分校进修时,教授说过的一席话。记得教授当时说,大数据是一门跨领域的知识,涵盖了信息科学、统计演算及商业实务(见图1-5)。

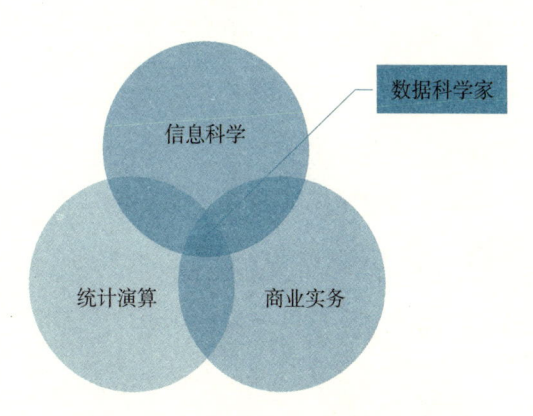

图1-5 大数据是一门跨领域的知识

大数据有很多的面貌，时下大部分人认为大数据科学是跟信息科学画等号的，由于我的专业并非信息科学，因此才会有这样的误解。我还记得在进修时，有同学对我说："你好勇敢，来学大数据科学！"听起来他的言外之意是：你是学商业的，是不是跑错地方了？

没错，课堂上的内容的确涵盖了统计与信息软件的应用，但是如果没有商业实务，那些内容也只是算法加工具罢了。

所以，以为只有计算机专家、统计学家才能从事大数据业务，这误会可真大啊。

因为多年的工作经验，让我急于弄清楚在企业导入大数据项目时，到底谁该来主导或主持这个工作，是计算机工程师、统计专家，还是具备商业知识的经理人？所以在课堂上，我向教授请教了这个问题。

教授当时说，如果请计算机专家帮你做大数据，他会先开列软硬件清单，建置一套高深的系统，但却不知道要分析什么。（这不禁让我想起20年前，企业要导入CRM时，计算机公司也要企业买一堆硬件设备。）如果请统计专家做大数据，他可能会建立一个演算模块，产出100张报表，但又不确定哪一张才有商业价值！

所以，大数据科学不是一门独立的学科，而是信息、统计与产业三种专业知识的交集。这三个专业中，最困难、最耗时

第一章　了解真相：营销视角下的大数据原貌

的，就是产业知识及实务经验的养成。这几乎无法靠课堂学习来获得，只能在工作中，一年又一年、一步又一步地累积。

因此，最有价值的大数据人才，就是具有产业经验，同时具有基础统计知识，又会使用大数据分析软件的职业经理人。

学成归来后，有些人也想投入这个领域，常问我："Simon，我没碰过计算机和统计，会不会很难学？"

这个问题，其实不难。许多复杂的统计算法，都已经发展成大数据软件，像 KNIME、WEKA、Power BI、Tableau，还有大家比较熟悉的 SPSS、SAS、Statistica、Excel[①] 等。大数据的应用软件其实比我们想象的多得多，而且已经发展得很成熟了，你不需要再学习写复杂的程序或统计公式。

至于统计，最重要的是基本观念。比如说，你只要知道回归分析的目的是找出两个变量之间的相关性，用一个变量来预测另一个事件就行，并不需要你写出公式来证明。

举例来说，商业上最常使用回归分析的时机，就是找出价格与销售量关系的时候。你一定知道：打折，销售量会增加；涨价，销售量会减少。但是，打几折，销售量增加最多？涨价多少，既能降低成本，又不至于使销售量减少太

---

① KNIME、WEKA、Power BI、Tableau、SPSS、SAS、Statistica、Excel 均为数据分析平台或软件。——编者注

017

多？这就要靠大数据分析了。

如果你既有零售业的营销经验，又有统计知识，就知道用销售数据做张报表，看看销售量与价格之间的变化关系。接着你可能会发现，南部的分店的消费者对价格敏感度较高。

这个时候，产业经验就派上用场了。有经验的营销经理，就会在南部市场做降价促销，北部市场就推出高价值的产品及包装。

所以，在大数据时代，商业实务工作者就站在领先的起跑线上。只要他们再充实一些基础的统计与计算机知识，很有机会成为有名的大数据专家。

当然，企业推动大数据项目，也可以由信息专家或统计专家来主导，重点是这类专家也需要具备跨领域的商业基础知识，或者与实务领域的经理人密切合作，才能了解及解决商业的问题。

我曾通过美国的求职网站（indeed.com），做了一个小小的调研，了解各类营销人员，包括直效营销[①]、数字营销和大数据营销等社会新人，哪一种人才的起薪最高。

答案是大数据营销人才，他们的年薪高达6.5万美元，足足比数字营销人员多了3万美元，更是直效营销人员的2.2倍。

---

① 直效营销是一种基于平面信件、电话、短信、电视等载体，直接一对一找到自己的营销受众进行推广的营销模式。——编者注

总之，想搭上大数据营销高薪的列车，你并不需要变成计算机专家，你只要注重商业实务素养的养成，也就是在工作上要能深耕自己的专业领域，借助大数据应用软件工具，就可以来开挖大数据这座油田！

品牌笔记

最有价值的大数据人才，是既具有产业经验和基础统计知识，又会使用大数据分析软件的专业经理人。

谁是白宫的第一位大数据科学家?

不只民间掀起了大数据的浪潮,美国政府也早已被影响!奥巴马时代,印度裔的帕蒂尔(D. J. Patil)成为白宫首位大数据科学家,也是全球第一位进入政府核心机构工作的大数据科学家。

帕蒂尔在 2015 年加入奥巴马的管理团队,主导开放政府数据库,通过联邦政府开放数据的入口网站 DATA.GOV,现在开放给大众的数据集已经超过 266 365 笔[①],涵盖教育、制造、能源、健康、消费等 14 个类别(见图 1-6)。他同时也应用开放数据协助政府制定有关卫生、犯罪、社会管理等政策,并不断扩大应用范围。

图 1-6 美国政府开放数据网站

---

① https://www.data.gov/,资料统计截至 2019 年 6 月 1 日。

也许有人会问：开放政府资料对老百姓来说有这么重要吗？是的！美国已有不少民间机构或个人利用 DATA.GOV 的开放数据，开发出创新的服务。例如，两位急诊室医师利用开放数据的健康数据库创立了 iTriage，只要在手机或计算机的相关窗口输入症状，iTriage 背后的庞大数据库就能分析并提供医疗建议，而且还列出附近的医疗机构名单。

我再举个例子，汽车导航是现代人不可或缺的应用工具，但汽车导航的核心技术 GPS（Global Position System，全球定位系统）一直是美国的国防战略资源，直到 1980 年才逐渐开放给民间使用，也才催生出 GPS 的庞大商机和应用服务。

所以帕蒂尔认为，一个社会成功与否的关键因素取决于人们是否可以从工作场所以外的地方，取得足够的数据。不难理解，人们可以从开放的数据，找到创新与创业的机会，促进整个社会的进步与繁荣。

我们可以从美国联邦政府数据库入口网站 DATA.GOV 轻易下载美国政府机构搜集的消费者抱怨资料，还可通过 Excel 或包括 KNIME、Tableau 等大数据分析软件读取这些资料，直接进行数据分析，从中找到创新解决方案。

DATA.GOV 鼓励人们一起去提升开放数据的质量，包括为数据找 bug（漏洞）、清理不一致的数据字段，提供各种下载格式，让大数据软件可直接读取分析数据，使用者不用再花大量时间去整理原始数据。除此之外，DATA.GOV 的设计，是一种双向互动的概念，用户还可以反馈数据的问题、索取最新的数据甚至私信给该单位。同时也欢迎人们上传已完成的分析报告，但前提是能够跟所有的人分享。

大数据的开放及应用，已经成为国家竞争力的一部分，未来一定会有更多的政府机构聘请大数据科学家来协助制定数据政策，提升国家整体竞争力！

品牌笔记

人们可以从开放的数据，找到创新与创业的机会，促进整个社会的进步与繁荣。

非要全垒打球星不可吗？推翻经验法则的应用

大数据有 6 个 V，最后一个 V 即 Value，是最重要的。如果大数据没有办法创造价值，就会失去其存在的意义，而要实现其价值，有效的途径则在于应用！

首先，我要来谈谈大数据的应用。大数据在应用上有三个优势：第一，几乎适用于任何产业；第二，可推翻经验法则；第三，以终为始，目标明确。下面举几个例子来说明。

第一个例子，很多人喜欢的《纸牌屋》(*House of Cards*) 是一个经典案例。这部描述美国政坛斗争的电视剧，是网络影片平台网飞（Netflix）的原创内容。推出四年，它就获得 30 多项艾美奖提名，包括最佳电视剧、最佳男女主角等大奖，是第一个获得主要奖项的网络电视剧。

但你知道吗？其实，纸牌屋也是大数据的产物。2013 年，这部电视剧刚推出的时候，网飞在全球只有 3 300 万会员[1]，而 2019 年正朝着 1.5 亿会员的目标迈进[2]。

网飞是怎么从这个巨量线上观众数据库淘金的呢？

当时，《异形 3》《社交网络》导演大卫·芬奇等人，正在

---

[1] https://money.cnn.com/2017/11/01/investing/netflix-stock-house-of-cards-kevin-spacey/index.html.

[2] https://edition.cnn.com/2019/01/17/media/netflix-earnings-q4/index.html.

筹拍美国版的《纸牌屋》,向电视台兜售版权。网飞从用户大数据中发现,喜欢1990年BBC(英国广播公司)版《纸牌屋》的观众,也是导演大卫·芬奇与演员凯文·史派西的粉丝。

于是,当电视台都要求看过试播再买下版权时,网飞却仅凭数据,一口气就投入一亿美元,买下了两季版权。《纸牌屋》一经播出,就为网飞带进300万新用户,其中200万来自美国,100万来自其他国家和地区。

《纸牌屋》打破了许多人对电视剧的成见,像是要有俊男美女、要有爱情戏,等等。靠着大数据,网飞找来20多年没演电视剧的凯文·史派西当男主角,看起来是场豪赌,却中了大奖。

第二个例子是被搬上大银幕的电影《点球成金》,它叙述了美国奥克兰运动家棒球队的真实故事。

2001年,奥克兰运动家队预算紧缩,其明星球员又被挖走。经理比利·比恩情急之下,找来耶鲁大学经济系毕业的彼得·布兰德商讨策略[1]。

如果按传统做法,挖掘球星靠的是球探的经验与直觉,有的球探看重球星的全垒打数,有的则看重盗垒能力。明星球员的薪资都是天价,但运动家队真的很穷,全队球员的薪水总和只够付一个洋基队的明星球员的薪水。

---

[1] https://en.wikipedia.org/wiki/Moneyball_(film).

怎么办？奥克兰运动家队认为，赢球的关键不是有多少明星球员，而是有多少上垒数。于是，布兰德先用数学模型，算出进入季后赛所需要的上垒数，再利用大数据，找出最容易上垒，但价值却被低估的球员。

结果超乎预料，这支球队竟然创造了20连胜，追平了大联盟的历史纪录。

奥克兰运动家队也是靠着数据，找出高C/P值（性能与价值的比值）、优势明确的球员，才能用最小的投资创造最大的胜率。

换句话说，大数据为上百年的运动与影视产业，带来了颠覆式创新，而对于20世纪才出现的科技业、连锁零售业，影响就更大了。

第三个例子，是制造业巨人——台积电对生产大数据的应用。

2016年，《天下》杂志就曾经报道，台积电通过大数据分析，一年就可以节省新台币4.25亿元[①]。台积电前董事长张忠谋透露，台积电能提高效率、缩短工时，就是利用大数据分析。应用大数据让工程师把时间花在刀刃上，多做有附加价值的分析与判断，不做低阶的数据搜集，最后利用有效的分析与判断，让工程师迅速做出决策。

---

① https://www.cw.com.tw/article/article.action?id=5080178.

第四个例子，再来看看大数据在零售业的应用，是如何颠覆你我的想象的。

美国著名百货公司 Target（塔吉特），有个著名的案例[①]。一位父亲发现，就读高中的女儿竟然收到 Target 百货寄来的孕妇装及婴儿用品折扣券，他一时火冒三丈，气得到店里去大骂店经理。店经理为了消除这名顾客的怒气，几天后再次打电话去致歉，电话中这名父亲反而羞愧地向店经理说对不起，还说女儿的预产期就在 8 月，请再多寄一些相关的商品及折扣券给他女儿！

原来 Target 百货应用顾客数据，以终为始，建立了一个孕妇大数据预测模型，通过这个模型可以相当准确地预测顾客行为：当女性顾客开始购买钙、镁营养补品时，很可能是怀孕了。没想到，通过大数据，百货公司比父亲更早地发现了女儿的变化。

大数据，除了可以应用在娱乐产业、运动营销、制造业、零售业外，还可以应用在医疗诊断、教育推广及国家安全等领域，因此可以说几乎没有一个行业是不适用大数据的！

你的产业，可以怎么运用大数据？你想通过大数据，达成什么目的？通过这四个案例，希望能够让你站在思考的起点上！

[①] https://www.forbes.com/sites/kashmirhill/2012/02/16/how-target-figured-out-a-teen-girl-was-pregnant-before-her-father-did/#3a1e8fc16668.

品牌笔记

大数据在应用上有三个优势：第一，几乎适用于任何产业；第二，可推翻经验法则；第三，以终为始，目标明确。

大数据，一定要大投资？

最近有好几家企业负责人问我："我们想导入大数据，好多厂商来兜售大数据软件及硬件，动辄上百万元，实在觉得成本太高！但不投资，又担心会落伍，要买，又得花很多钱。到底该不该买呢？"

这让我想起 20 年前，正是 CRM 也就是客户关系管理流行的时候。从一开始，硬件厂商与软件厂商就主导了这个市场，很多公司在还不知道 CRM 是什么的情况下，就被厂商说服买了一堆软件、硬件，最后却没有发挥投资的功效，白白浪费了一大笔钱！

我问其中一家中等规模的企业的负责人："你投资大数据，到底想要得到什么呢？"

对方说："想分析客户资料呀！"

我进一步问她："你有多少客户数据？其中，又有多少是有效的呢？"

她说："数据不多，大概不会超过两万条，但是很多数据都不完整……"

这就是问题所在了。投资大数据，企业要先自问两个重要的问题：第一，你要解决什么问题？第二，你已经有数据库了吗？

第一个问题，就是企业投资的目的。

企业利用大数据，最终有三个目的：预测分析、降低成本及提升利润。降低成本及提升利润，又可以通过预测分析来达成。

对于大数据投资的目的，不同类型的企业是不一样的。B2B（企业对企业）的企业，如制造业，着重在应用大数据分析降低生产成本，而B2C（企业对消费者）的企业如零售业，着重在应用大数据预测营销，增加销量，提升利润。

无论要达到哪一种目的，或者要解决哪一个问题，都先要想清楚要怎样应用大数据。想清楚了，就知道要搜集的资料。解决问题并非得投资新的计算机软件、硬件不可！事实上，80%的商业问题，都可以通过传统的工具及商业分析方法，像是Excel之类的软件来解决。

第二个问题，就是数据分析的内涵。

大数据分析使用的数据，通常有两个来源：一是企业内部及外部的数据，例如来自ERP的生产数据及CRM的客户数据；二是网站及网络数据，包括来自网站及物联网的链接数据。

此外，要确认资料是否在有效期内。很多企业都说搜集了很多数据，一问之下，才知道大部分数据历史悠久，字段并不完整。

超过一年的不活跃数据基本上就没有意义了。有一家便利店，过去收集了190万笔顾客资料，但要导入大数据分析时才赫然发现，很多资料都有遗漏，根本无法分析，最后只好砍掉这部分数据。

还有一个问题，每一次我主持大数据论坛都会有人问：我们是新公司，现在没有数据，该怎么办？

那么，我们想要回答这个问题，首先要思考的是：你要解决什么问题？然后，思考你需要什么数据，从现在开始收集，都会得到有用的数据。

对大数据的投资，大致可分成三方面：架构大数据的硬件设备、大数据分析软件以及大数据分析人才。

首先，硬件设备投资。其实，大多数公司都不像脸书或亚马逊那样需要投资大量硬件设备，一般的企业，只要租用云端储存及运算即可。

其次，大数据分析软件。一般这种软件可以分为三类：商业分析、预测分析及可视化应用软件。很多统计方法及绘图功能，都已经写进软件里面了。例如，可视化软件就有Tableau及Power BI等，Power BI还可以免费下载。

最后，大数据分析人才，即数据科学家（Data Scientist），这种人需要同时懂得计算机应用、统计原理及商业实务。所以，我们需要跨界的人才，而这种人才很欠缺、很难找。据统计，美国大数据营销人才的起薪更是其他同级别营销职务的 2.2 倍。

总之,企业在投资大数据之前,应先做三件事:第一,锁定目标;第二,收集必要资料;第三,投资人才。确认这三件事,再来决定要投资什么软硬件设备,才会避免花大钱却做大数据时代的冤大头。

最后,期待大家能把钱花在刀刃上,进入大数据的实体应用!

品牌笔记

> 投资大数据,企业要先自问两个重要的问题:第一,你要解决什么问题?第二,你已经有数据集了吗?

第二章

品牌重塑
大数据时代的营销之道

大数据狂潮，正在推翻很多传统品牌的经营思维。未来每一个企业品牌的生存与转型，都必须跟科技结合。

大数据狂潮,如何颠覆7个传统品牌经营观念?

我每年都会关心一项全球品牌的排名,这是由一家国际知名品牌顾问公司 Interbrand 所做的调查。10 年前,百大品牌中,只有雅虎和谷歌两家互联网公司上榜;但 2018 年,百大品牌就有 9 个互联网品牌[1],除了谷歌,按顺序还有亚马逊、脸书、ebay(易贝)、Adobe[2]、网飞、Paypal(贝宝)、Salesforce[3] 和 Spotify[4]。

这些网络平台到底在卖什么?我认为,它们卖的是自己没有的东西,我就举大家熟知的爱彼迎、优步及脸书来说明。

爱彼迎,每天有超过 100 万笔出租生意,却不经营任何旅馆。在 200 多个城市运营的优步,是全球最大的出租车网络平台,本身却没有半辆出租车。脸书也是,它从不自行生产内容,却靠着每一位用户的创作,成为世界最大的社交媒体平台。

你注意到了吗?它们背后有一个共同点,即都创造了大量的数据,而这股大数据狂潮,正在推翻很多传统的品牌

---

[1] https://www.interbrand.com/best-brands/best-global-brands/2018/ranking/.
[2] Adobe 成立于 1982 年,是美国的一家数字媒体和在线营销方案供应商。——编者注
[3] Salesforce 是美国一家 CRM 软件服务提供商。——编者注
[4] Spotify 是瑞典的一家正版流媒体音乐服务平台。——编者注

经营思维。有哪些过去我们习以为常,而现在必须改变的事呢?我认为至少有 7 件事(见图 2–1)。

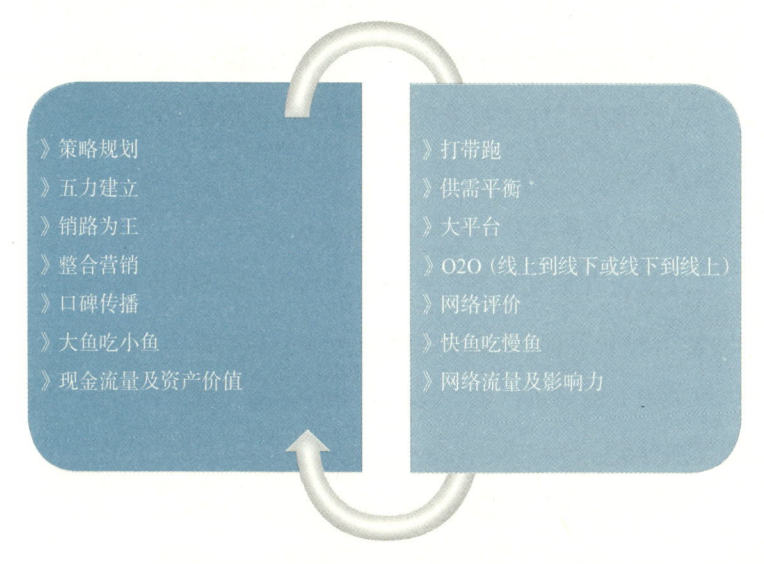

》策略规划	》打带跑
》五力建立	》供需平衡
》销路为王	》大平台
》整合营销	O2O(线上到线下或线下到线上)
》口碑传播	》网络评价
》大鱼吃小鱼	》快鱼吃慢鱼
》现金流量及资产价值	》网络流量及影响力

图 2–1　大数据时代颠覆企业经营的 7 件事

第一,机动调整的"打带跑"取代策略规划。

以前企业每年要进行策略规划,也就是至少要做三年规划、一年计划、季度检讨。现在,企业还是会制定策略,但执行变成"打带跑",产品推出后,随时关注后台大数据,有问题迅速修正,不用等到每季再来做检讨。

有百年历史的《华盛顿邮报》一度濒临倒闭,2013 年被亚马逊创办人贝佐斯买下后,进行数字大转型。之后它发出去的每一则新闻，至少都有3~5个版本，标题与图片都不一样。30秒后，后台的大数据就会显示，哪一个标题及图片被点击得最多，系统就会统一替换最受欢迎的标题与图片。到2015年10月，《华盛顿邮报》在网络上的流量首度超越《纽约时报》[①]。

这个例子充分说明了机动调整的打带跑，完胜传统企业的经营模式。

第二，供需两力平衡取代五力分析。

以前企业制定策略，用的是策略大师波特（Michael E. Porter）的五力分析，也就是来自买方的议价能力、供应商的议价能力、潜在进入者、现有竞争对手与替代品的威胁，都要仔细分析。

现在，网络品牌最应重视的是两力，也就是供货商与消费者的力量，以及他们之间的平衡关系。优步和爱彼迎就是靠后台大数据，不断平衡供货商与消费者的双边关系，进而崛起壮大的。

第三，网络平台取代实体渠道。

10年前，商业上最常听到的两个字是渠道。大家都会警告你，没有渠道，你的产品很难卖，那是一个实体渠道主宰品牌的时代。

现在网络平台从中拦截消费者与供货商，使得传统渠道

[①] http://www.niemanlab.org/reading/comscore-washington-post-tops-new-york-times-online-for-first-time-ever-digiday/.

节节败退。例如传统零售渠道被电商快速取代，百货公司如果没有餐饮的加持恐怕衰退得更快。反观网飞，取代了曾经在全球拥有 9 000 家店的 Blockbuster（美国音像连锁店），亚马逊打败了美国最大的巴诺书店（Barnes & Noble），优步更让全世界的交通业者都觉得很头痛！

未来要胜出，就要思考如何在网络平台占有一席之地。

第四，O2O 取代整合营销。

几年前，我曾经在韩国的地铁站看到一个大墙面的广告，除了拍得很美的产品介绍，还有专属的二维码，人们只要拿出手机一扫，就能立即上网购买相应的产品。

以前，传统的整合营销工具，如广告、公关、促销，是打造品牌的万灵丹。现在做品牌，要 Online to Offline（线上到线下），也要 Offline to Online（线下到线上），线上线下一起来：线上告知产品，线下创造体验，甚至再回到线上交易，实体、虚拟双管齐下，把用户团团包围。

所以，打造品牌，抢占市场，必须线上线下一起来。

第五，网络评价取代传统口碑。

相信很多人都听过这句话：口碑是生存的命脉。但是，今天这句话有了新的诠释。以前要得知顾客反应，只能靠口耳相传，或者鼓励消费者打客服专线、填意见回馈表。

回想一下，现在如果你要去一家餐厅消费或者去看一部电影，你还要到处去问这家餐厅是否好吃或者这部电影是否好看吗？最快的方法，是不是直接拿起手机，查询一下这家餐厅或者这部电影在网络上的评价？

现在网友的评价对品牌的影响力，已远远超越传统的口碑传播了。

第六，快鱼吃慢鱼取代大鱼吃小鱼。

以前，是大鱼吃小鱼，大公司并购小公司；现在，小鱼会突然长大，市场的竞争格局就变成快鱼吃慢鱼、好鱼吃坏鱼，例如亚马逊并购比它历史更悠久的美国最大连锁有机超市全食超市（Whole Foods Market）[1]。

再以社群网站为例，2003年MySpace（聚友，一家社交网络服务公司）成立；2006年，MySpace的浏览量甚至超越谷歌与雅虎的浏览量。但MySpace迟迟未能改善用户体验。现在谁还记得MySapce？它早就被后来居上的脸书取代了[2]。

这个时代，不只是快鱼吃慢鱼，更是好的快鱼吃慢鱼。

第七，网络流量取代现金资产。

以前品牌并购，华尔街看的是谁的现金流多、谁的资产丰厚。现在资本市场不只看现金流，还看谁的网络流量大、

---

[1] https://www.businessinsider.com/breaking-it-down-amazon-tough-negotiations-how-the-whole-foods-deal-went-down-2017-12.

[2] https://www.quora.com/Why-did-Myspace-fail-and-Facebook-flourish.

谁的顾客黏性高。谁的未来成长想象空间大，资本市场给的估值也就比较高。

举例来说，亚马逊的市值是沃尔玛的 2 倍，阿里巴巴的市值比沃尔玛多 35%，而沃尔玛比二者大了 30 岁。还有，优步还未获利时，摩根士丹利给它的估值就达到 680 亿美元，远高于通用汽车的 500 亿美元，更是台积电的 3 倍。

在此，我得出结论：品牌并购的大戏，在大数据时代有了新的规则。

你的经营思维跟上大数据时代的转速了吗？哪一个观念的转变正在你的产业发生？你的应变能力将决定下一个十年的品牌生存能力！

品牌笔记

> 大数据狂潮，正在推翻传统品牌的经营思维。你的应变能力，将决定下一个十年的品牌生存能力！

大数据时代 4 种产业发展机会

离开王品之后,我规划了一场自助旅行,去了巴黎、伦敦和纽约。在这三个大都市中,我一个人都不认识,要如何独立生活四个月呢?

其实,我只靠 5 个 App(手机应用软件),就解决了在当地的衣食住行娱乐等需求。衣与食,用的是提供生活信息的 Yelp(美国的一家著名点评网站,类似中国的大众点评);住,靠爱彼迎;行,市内出行有优步,远行,有卖折扣机票的 Expedia(亿客行,全球在线服务旅游网站);玩,就靠标榜"内行人带你到处玩"的 Viator(一家旅行网站)。

你注意到了吗?我用的都不是现实世界的既有品牌。

那么在大数据时代,哪些传统品牌或产业会被削弱、取代,甚至被淘汰呢?《平台经济模式》[1]这本书给出了 4 种产业[2]。

第一,是信息密集的产业,例如传媒和电信业。有个笑话说,现代人不看报、不读书,只爱看脸书。人人都把信息放到社群网站,连特朗普也直接通过推特发言,因此,传媒

---

[1] 《平台经济模式:从启动、获利到成长的全方位攻略》,台湾天下杂志股份有限公司,2016 年出版,作者帕克、范艾尔史泰恩、乔德利。——编者注
[2] Platform Revolution, Geoffrey G. Parker, Marshall W. Van Alstyne and Sangeet Paul Choudary, W. W. Norton & Company, March 2016.

第二章　品牌重塑：大数据时代的营销之道

便无法再靠垄断信息收取广告与订阅费用。

电信业的危机也不小。现在Skype（微软开发的即时通信软件）、Line（日本公司开发的一款即时通信软件）、微信、脸书，通通都能用来传递信息和通话，很少人再打电话或发短信。

第二，是信息不对称的产业，像保险与二手车市场。过去，这些行业的关键信息被卖家垄断，如保险理赔、二手车车况等，买家只能别无选择地信任对方，万一被骗，也只能自认倒霉。

现在有了交易平台，信息得以公开流通，买家可以比较信息、互相讨论，甚至跳过中间商与卖家直接交易，中间商的作用越来越小。

第三，是高度专业的产业。李开复接受《天下》杂志专访时曾说，金融业的分析师与会计师，还有医师、律师、教师四师，有一半的人会被人工智能取代[①]。

你一定想，怪啦，不是只有每天做重复工作的白领才会被取代吗？

其实，在这些专业又高薪的行业里，也免不了许多重复的工作。分析师要阅读大量财报，律师要背诵很多法条，医师要天天问诊，教师也要不断上课。然而，这些事都能靠人工智能做得更快、更精准。

美国已经有了医疗App，轻症病人只要输入症状，就能

---

① https://www.chinatimes.com/realtimenews/20160426003836-260410?chdtv.

得到处方；2017 年 8 月，中国也出现第一家审理网络购物案件的物联网法院[①]。最后，只有经验丰富、观点独到的顶尖专家，才会留下来。

第四，是高度分散的产业，像是租房、租车、餐饮等。

这些产业都有数以万计的供货商，消费者也随时需要吃饭、住房和租车，正好需要一个平台来实时媒合供需。所以，爱彼迎、优步与 Yelp 才能乘势而起，彻底颠覆饭店、出租车甚至餐饮业的经营模式。

如果你正处在上面这四种产业中，现在一定会感受到极大的威胁，不过也不用过度担心，通常机会总是伴随威胁而来。这时候你有两种选择：一是让企业或自己趁早转型，与大数据结合；二是可以从以上四个产业下手，找到创业的灵感与商机。

这是最颠覆的时代，也拥有最好的机会，希望你能在大数据时代找到自己精准的定位！

品牌笔记

> 如果你正处在以上四种产业，一定会受到极大的威胁，不过也不用过度担心，通常机会总是伴随威胁而来。

---

① https://zhidao.baidu.com/question/429868461604994892.html.

企业品牌转型需要 ABCDEF

2018年，我受邀到国泰人寿演讲，并分享了在大数据时代，既有品牌被快速颠覆的现实，同时我认为，在新科技的推波助澜下，消费者不断追求新事物，喜新厌旧的速度更快，品牌必须更快响应市场，才能找到新的机会。

演讲完后的问答环节，第一个问题是"企业及品牌面对未来这么大的挑战，该如何应变"。记得，我是这样回答的："未来每一个品牌的生存与转型，都必须跟科技结合。"这里，我想进一步分享我的观点。

20年前，一个成功的品牌，可以连续成功20年，甚至可以有百年的生命；而现在，一个品牌很容易快速流行，操作得宜，可以大获成功，但也可能会因为网络上的一句话或者一项新科技的出现，使消费者的喜好迅速改变，甚至产业的生态也被改变，品牌从而被抛弃。

过去品牌的削弱或消失，有一大部分的原因是品牌形象老化，只要好好包装，或重新聚焦，或调整产品的组合，就有可能让品牌起死回生。可口可乐已经有百年的历史，历经多次的品牌老化，以及多次的品牌再造，得以持续至今；星巴克的经营一度失去重心，创办人舒尔茨再度回归[1]，重新找回咖啡的灵魂，才把局面稳定下来，当然如今星巴克遇到了另外的挑战；IBM（国际商业机器公司）30年前曾经是科技业的巨擘，但因为过度聚焦在硬件及服务大企业，在PC（个人计算机）崛起的时代一度失去光芒，经过重新调整产品组合，从硬件到软件、从服务大企业到服务中小企业、从科技业到科技服务业，让IBM再度走向辉煌。

过去可以这么幸运，然而在大数据时代，品牌的转型升级不再那么简单，不管是哪一类型的品牌，都需要在以下ABCDEF 6项科技中，至少抓到其中一个，才能为品牌加分。ABCDEF，就如波涛汹涌的大海中为品牌点亮的一盏明灯！

ABCDEF 分别代表6项科技：A代表App（手机应用程序）、AI（人工智能）、AIoT（AI物联网）；B代表Big Data（大数据）、Block Chain（区块链）；C代表Cloud（云端计算）、Chatbot（聊天机器人）；D代表3D（三维），也包括VR（虚拟现实）、AR（增强现实）；E代表Electric Self-driving Car & Drone（自动驾驶汽车和无人机）；F代表FinTech（金融科技）、Facial ID（脸部识别）、Finger ID（指纹识别）。

以上这6项科技与应用，有些已经被广泛地理解与接受，

---

[1] Onward: How Starbucks Fought for Its Life without Losing Its Soul, Howard Schultz, March 27, 2012.

如手机应用程序；有些则尚在萌芽阶段，如区块链或增强现实技术。ABCDEF 中的任意一种，都可以有两方面的应用：一方面，应用于企业内部的管理，如提升生产效率，降低成本等；另一方面，也可以应用于企业外部的管理，如创造顾客价值，提升利润等。

我更关注 ABCDEF 对后者的影响，因为这些技术与应用，将对未来企业及品牌能否成功转型产生巨大的影响力。所以，你不只要知道，而且要及早采取行动响应改变。以下再分别举一些例子，说明如下。

A 型科技应用

在移动互联网时代，大家对手机应用程序都不会陌生，每个人的手机中也会下载不同的应用。

过去 20 年，每一家企业要做生意都必须要有自己的官网，否则就落伍了；在大数据时代，我认为每一家企业都还必须要有自己的 App，尤其服务消费者的 B2C 企业。

也许你会问，每个手机用户不是只下载有限的 App 吗？那么多 App 谁来下载呢？下载了会不会不用？没错，若每个企业都有自己的 App，就会形成企业与企业、品牌与品牌的无情竞争，就如同实体世界中，许多品牌一起竞争一样，只有做出正确决策者才能胜出。

App 除了可以作为企业的门面，可以当平台，也可以成为营销的利器，重塑品牌形象。耐克是运动鞋的领导品牌，为了掌握第一手顾客资料，开发了跑步 App——Nike Run Club。只要打开这款 App，每次你跑步时，相当于有数百万名跑者及专业教练一起陪你，为你打气，让你挑战各种目标，无聊的跑步过程因此也变得乐趣无穷。

Nike Run Club 不只是一款跑步 App，背后还隐含了收集大数据及营销产品的目的。它可以追踪及储存跑步者的资料，包括配速、地点、距离、高度、心率和里程分段记录等，也随时提醒你目前跑步的状态，例如"你现在已经完成了 1 公里""你跑每公里用了 10 分钟"等，让你跑步有期待、有挑战、有激励，让你坚持跑下去，找到成就感。

另一方面，无论你是一名新跑者，还是一名经验丰富的运动员，它都可以为你设定跑步计划，提供专业教练，配合语音指导等，让你与志同道合的朋友比较和竞逐排名，还可以在跑步时收到朋友的加油打气等。

Nike Run Club 将每年收集到的超过 8 000 万公里跑步信息，提供给设计师与制造商，生产出最适合消费者的产品。不只这样，耐克也结合亚马逊电商平台及自己的官网，直接销售产品给顾客，改变了只通过传统渠道进行销售的模式，网络上的销售额占比也由 2014 年占营收的 4% 到 2019 年占营收的 1/3。

在大数据时代，耐克通过 App 平台，将大数据、社交、营销活动、会员经营统一起来，不断强化自身品牌在消费者心中的形象，达到刷新品牌的目的。

人工智能对品牌转型及升级的影响更是功不可没。你是否还记得 10 年前手机的领导品牌诺基亚、摩托罗拉及爱立信？曾几何时，这几家手机市场领导者因为没有跟上智能手机的趋势，几乎退出市场。

目前手机战役已经进入红海，要在竞争惨烈的市场中脱颖而出，企业只有使出浑身解数，用上最新的科技才行。当各品牌手机还在讲几个镜头、多少像素时，华为身为手机市场的后起之秀，结合人工智能技术，一举推出人工智能手机，如可以通过手机镜头直接辨认食物的热量，用以解决消费者用餐时不知摄入多少卡路里的烦恼。通过对人工智能技术的应用，华为手机颠覆了消费者对手机应用的认知，超越了竞争品牌，提升了自身品牌形象。

人工智能在科技业的应用是这样，那在传统服务业呢？卖眼镜是一个再传统不过的行业，但是宝岛眼镜的创始人，却自认"我不是卖眼镜的"[①]。

[①]《商业周刊》1616 期，2018.11。

为什么他可以这么认为？因为你只要走进宝岛眼镜，工作人员就会带你到一台人工智能眼底照相机前，不到两分钟，人工智能就能通过视网膜照片中血管、神经的分布状况，快速地筛检如糖尿病、高血压等 30 多种疾病，准确率高达 97%。过去要做这些检查，必须要先去体检中心预约，完成检查一周后拿到报告，才能知道自己眼睛的全部状况。

现在只要到宝岛眼镜，不用大费周章就可以知道自己眼睛的健康状况，同时完成验光配镜。宝岛眼镜通过人工智能的加持在尝试转型，目前的平均交易金额比过去提高三成，而且回购率达到 35%，比同业的 20% 高出不少。

近年来，转型最成功的案例莫过于小米。小米崛起于智能手机普及的 2011 年，在"米粉"及饥饿营销的推波助澜下，小米品牌在 2015 年达到顶峰。小米就是靠人工智能互联网，让万物联网，转型制胜的。

有一位朋友跟我说，只要进入小米的门店，你至少会买个一两样东西，我就带着好奇心，走进了新加坡新达城（Suntec City）小米的专卖店。这家店的小米商品其实不算多，但是不知不觉我就选了几样东西，包括温湿度计及摄影镜头。它吸引我的地方，除了价格合理之外，就是很多装置都可以上网，让你可以遥控家电，随时掌握家里的状况。

小米在"米粉"退潮前，再度结合人工智能物联网的应用，销售了超过 1 600 种产品，而且有越来越多的产品可以连接无线网络，升级为智能家电，包括空气净化机、扫地机器人、摄影机、电饭锅、冰箱等。在消费者的心目中，现在的小米已不再是以前靠"米粉"起家的手机公司，它更像是一家智能家电公司，且背后掌握了大量用户数据。

B 型科技应用

企业应用大数据已经成为一项竞赛，比的是谁跑得更快。

我要介绍一家日本餐饮品牌寿司郎回转寿司，它靠导入大数据，连续 7 年拿下行业第一，光卖寿司一年营收就超过 430 亿新台币[①]。

通过背后 14 亿笔大数据，只要有顾客走入寿司郎，它的后台会马上计算出你要点什么寿司，以及入店 15 分钟后可能加点什么菜品。寿司郎会根据顾客的人数与偏好，设定从白色到粉红色 9 种灯号，每种灯号对应不同的寿司组合与数量。假设回转带坐的是男性客人居多，且都坐了超过 15 分钟，那么灯号就会由代表分量及种类较多的红色，跳到代表分量及种类较少的橙色，因为客人来店超过 15 分钟，表示已经吃了八分饱，之后会倾向选择比较新的种类或者应季的产品。

---

① 《商业周刊》1616 期，2018.11。

寿司郎通过对大数据的应用，不只加强了内场的生产管理，也让顾客有了更好的消费体验，提升了顾客满意度。

新兴品牌通过大数据不断抢占市场，面对这样的竞争环境，实体品牌只有跟进，寿司郎就是一个很好的例子。

第二个 B，是 Block Chain，即区块链。区块链技术最主要的功能是去中心化，保障交易安全与个人隐私，包括发行数字货币、保护知识产权以及签署智慧合约等。除了比特币之外，区块链到目前为止还很少有成功的应用范例，但是仍然有一些小的实验正在萌芽，非常值得关注。

阿联酋 NBD，是迪拜最大的银行，其为了防止支票被伪造，将区块链技术结合支票发行，推出支票链[①]（Cheque Chain），每张新发行的支票，都可以看到一个二维码，让支票的伪造变得更困难。拿到支票的人，只要扫描二维码，就可以找到这张支票独一无二的区块链代码，验证支票的真实性与来源。

海运牵涉到很多进出口报单文件，不只手续烦琐，而且容易被伪造。全球最大的集装箱海运公司，即丹麦的马士基（Maersk）公司，就与 IBM 合作，共同打造及简化海运文件传输流程的协作平台，给客户带来更高的效率，减少了 15%

[①]《商业周刊》1624 期，2018.12。

的作业成本[1],同时保障了数据的安全,成为厂商更为信赖的运输品牌。

C 型科技应用

亚马逊从卖书起家,如今成为世界市值最高的 10 家公司之一,可以说如果亚马逊没有进入云端领域(AWS,亚马逊的云计算服务平台),就没有今天。2018 年第三季度,亚马逊营收 566 亿美元[2],如果以过去 12 个月来看,AWS 的营收只占总营收的 11%,但其利润却占总利润的 60%。

全球三大云端平台,除了亚马逊的 AWS,还有谷歌的 GCP、微软的 Azure,不过这类公司提供的是云端的基础建设。云端服务主要涵盖基础设施即服务(IaaS[3])、平台即服务(PaaS[4])、软件即服务(SaaS)三种类型。在面对顾客价值的提升及品牌的体验时,我们更应关心如何应用 SaaS 服务。

SaaS 属于应用层,直接面向用户,不需要事先安装软件,

---

[1] 《商业周刊》1624 期,2018.12。
[2] http://www.cnbc.com/2018/10/25/amazon-earnings-q3-2018.html。
[3] IaaS,即 Infrastructure-as-a-Service,提供较基础的 IT 资源,如服务器、储存设备、宽带等。
[4] PaaS,即 Platform-as-a-Service,在基础 IT 资源上,再加上一套操作系统,中间件及运行库。

通过浏览器即可使用。它的服务很适合 B2C 的企业来建立消费者的品牌价值，例如 Salesforce[①] 就是一个顾客关系管理平台，很多国际性的品牌已在采用，如可口可乐、金佰利、雀巢等。由于它采取租用的模式，用多少租多少，中小企业也负担得起。

除了 Salesforce，SaaS 服务已经有很多面向顾客的软件服务，如 ZOHO One、MailChimp 等，使用这类服务，最大的好处是可以省去初期的软硬件建置成本。企业若使用 SaaS 服务，则在销售生产力、预测的准确率、成交的转换率等方面，可以提升 30% 以上，有利于品牌的提升。

另一个 C，简单说就是聊天机器人或个人数字助理。聊天机器人可以帮助企业处理一些内容重复性高、信息容易被复制的领域，如客服应答、抽奖回复、档案下载等，可以实时、有效地解决顾客的问题，提升顾客对品牌的体验与满意度。

多年前，我在夜间注册淘宝账号，需要使用证件进行实名验证，这对我来说是一件很麻烦的事。当时我就是借助淘宝网提供的聊天机器人实时解决了问题，成功注册、下单，可见聊天机器人为品牌带来的正面效益。

现在越来越多的国内外品牌，都开始发展并应用聊天机

---

① http://crm2.tw/salesforce-crm/introduction-to-salesforce-crm/.

器人来解决顾客所提出的重复性问题，如丝芙兰、博柏利等，甚至使用聊天机器人来回答更程式化的内容。

美国一份调查报告[①]指出，高达44%的消费者有问题时愿意求助聊天机器人，而69%的使用者每个月至少使用聊天机器人一次，71%的使用者在没有服务人员的协助下，也会有良好的使用体验。

以上调查结果显示，大数据时代的消费者，已经可以接受聊天机器人的协助。面对人力稀缺、薪资不断上涨的大环境，聊天机器人是中小企业寻求品牌转型的必要工具之一。

D型科技应用

在大数据时代，几乎每一个行业都受到冲击，看似专业的牙医也不例外。如果你有镶假牙的经历，就可以感受到这是一个何其冗长的过程。诊断，磨牙，第一次做模型，装上临时的假牙回家，下次再回来试戴模具厂商做出来的模型，牙医调整密合度，配色，返回模具厂调整，下次再回来试戴……如果不合适，来来回回调整个几次，花上两三个月的时间总是免不了的。

台湾商业总会品牌创新服务加速中心的一家会员企业即

---

① https://www.agilitypr.com/pr-news/.

家诚牙医，就结合3D口腔扫描技术，打破了传统牙医为客人制作假牙的流程。与其合作的诊所端只要做好两个动作即可，一是帮患者做3D口内扫描，二是将3D模型上传至云端，其接收信息后，就以3D打印的方式制作假牙。这种方式不但节省了传统牙技师印模、翻模、制模、铸造等工序的时间，而且制作合格率也高达98%[①]。

面对大陆这个更广阔的市场，家诚牙医直接与深圳、广州的牙医诊所合作，把这套设备建置在牙医诊所里，现场从看牙到制牙，两个小时就可以"交货"，省去客人漫长的等待时间。从这个例子，我们可以看到一个3D技术的应用，颠覆了一整个产业。

再来看看虚拟现实与增强现实的应用。网络上曾经流传一段淘宝利用虚拟现实的影片[②]，消费者通过虚拟现实的环境，上网购物时可以触摸、翻转产品，甚至请模特儿试穿衣服，转身并靠近消费者等，让网络购物的体验身临其境。

我住了十年的家，需要重新粉刷，首先想到要换个新的颜色，随之而来的是，担心换了颜色不好看。万一粉刷后不是自己想要的样子，后悔怎么办？传统的油漆品牌多乐士（Dulux），又是怎么利用虚拟现实技术解决消费者的这个痛

[①] https://money.udn.com/money/story/5724/3320244.

[②] https://www.youtube.com/watch?V=fjHTdh6tMC8.

点的？

多乐士制作了一款应用程序，只要下载安装"多乐士焕色大师"这个程序，利用虚拟现实的技术，让消费者拍摄居家空间照片，轻松模拟色彩，马上就能看到色彩在居家空间的变化效果！这种感觉，就好像在抓精灵宝可梦一样，让我觉得有趣又好玩，也让传统品牌有了新的生命力！

多乐士借助虚拟现实，解决了选色、试漆这些琐碎的问题，通过镜头，解决了消费者的痛点。自 2014 年推出后，其每年的业绩都得到两位数的增长[1]。

E 型科技应用

自动驾驶汽车或无人机是两个仍然在开发中的应用科技，除了技术待克服外，还有法律的问题，但是仍有少量的实验在进行。

新加坡有家机器人公司 Infinium Robotics，2015 年就替当地连锁餐厅 Timbre 开发了送餐无人机[2]。如果你在餐厅工作过，就知道人与人的接触是何等重要，有时食物只是其中的一个媒介，人传递的"温度"才是顾客一来再来的原因。

---

[1] https://www.bnext.com.tw/article/51723/digital-transformation-dulux.
[2] http://www.washingtonpost.com/blogs/innovations/wp/2015/02/13/drones-delivering-drinks-in-a-crowded-restaurant-its-not-as-crazy-as-it-sounds/.

所以，这家机器人公司所开发的无人机，并不是把食物直接送到客人面前，而是从厨房的出餐区送到一个中转站，即餐厅的送餐区，再由服务人员将食物送到客人面前，这样既保持了人与人的接触，又节省了餐厅人力成本。无人机不仅可以提供送餐服务，而且可以提供运送红酒、饮料等难度较高的服务。

达美乐（Domino's）于2016年在新西兰顺利完成全球首宗无人机配送比萨服务。利用无人机空运食物，既不受地面交通情况的影响，还可直接配送至顾客家门口，达美乐的最终目标是要在10分钟内将食物送到顾客手中[1]。

2017年网上订餐外卖平台饿了么，推出"万小饿"送餐机器人。万小饿可以从办公室的一楼接过外送员的外卖后，自动上下电梯，把外卖送达顾客所在楼层。根据数据显示，万小饿投入服务后，外送员每单将可节约5~10分钟的配送时间[2]。

从无人机在餐厅内配餐，到空运外卖服务，再到完成"最后一公里"的服务，将餐点送到客人面前，传统产业通过科技应用，打通了整个顾客服务价值链，不只颠覆了企业经营，也重塑了品牌形象。

虽然很多大科技公司及传统的汽车业者争相投入自动驾

---

[1] http://www.dominos.com.au/inside-dominos/media/november-2016-pizza-by-drone-a-reality-with-world-first-customer-deliveries-in-new-zealand#_ftn1.

[2] http://gz.people.com.cn/BIG5/n2/2018/0531/c194864-31650622.html.

驶汽车行业，但是自动驾驶汽车发生的意外，仍然时有所闻，显然这个技术还没有成熟，不过仍然值得期待。

一旦批量投入使用自动驾驶汽车，不只将改变交通运输的面貌，也将改变人们的生活及工作方式，很多产业的经营及与消费者的接触方式，必定也大大地不同，值得每一个产业相关者好好关注。借助新科技再度提升顾客对品牌的体验，说不定比电视剧《霹雳游侠》①对消费者的影响更大了！

F 型科技应用

FinTech 是 Financial Technology 的简称，即金融科技，所涵盖的领域广泛，包括利用科技进行支付、融资、理财、身份验证、去中间化的交易行为等。这里，我关心的是对 B2C 品牌影响最直接的交易支付。

移动支付可以说兴起于 2014 年，支付宝和微信可以通过二维码扫描支付时，我刚好在上海工作，亲身经历了这一改变。记得有一晚我住在一间旅馆，非常口渴，天冷又不想出去买水，而大厅里刚好有一台饮料自助贩卖机，我很高兴地靠过去，却发现这个机器不收现金，因此非常地失望。突然

---

① 《霹雳游侠》是美国的一部科幻电视剧，讲述了主人公迈克驾驶着最先进的智能跑车，在罪犯无视法律的世界里，为无辜及无助的人们主持正义的故事。——编者注

想起，春节期间我用支付宝发红包给办公室的同事，这表示我已安装了移动支付程序，于是，我拿起手机，打开支付宝"扫一扫"，支付完成后，一瓶矿泉水在我面前掉下来，当时的兴奋心情今日仍记忆犹新。

移动支付满足了我的需求，也改变了这瓶饮料的命运。这表示越早加入这场盛会，品牌获胜的机会越大。

今日的支付，已不只有支付宝及微信，还有 Line Pay（日本的一种支付程序）、Apple Pay（苹果支付）、Android Pay（安卓支付）、Samsung Pay（三星支付）等。为了省去找零钱及带零钱的麻烦，我甚至会选择可以接受移动支付的出租车、餐厅、商店等。

至于通过脸部识别或指纹识别的技术，来提升品牌的使用率及忠诚度，更是每一个品牌业者在经营会员平台时可以导入的功能。

很多人都有使用银行账户的经验，最常用到的功能之一就是转账，纵使有一个银行的手机应用程序，仅仅是登录账户密码就是一件非常折磨人的事。所幸，我使用的银行很早就引入了面部及指纹识别系统，在应用程序上登录账户不需要输入一连串密码（输错密码被锁住账户也是常有的事）。以前交给太太处理的银行账户，现在也可以由自己来，因此我对品牌的偏好度也大大提升。

肯德基在大陆甚至进一步与支付宝合作，打造一个刷脸支付的服务。在一些店面，顾客在柜台点完餐之后，系统就会快速进行面部扫描、识别，同步链接到支付宝账户，几秒钟就能完成支付，带给消费者绝佳的消费体验。

结论

想要基业长青，企业就需要随着时代的发展进行转型、升级品牌或服务，这是每一个时代、每一个品牌都面临的问题。品牌需要转型的原因有很多，包括品牌形象老化、商业模式过时、脱离消费者等。传统上你可以通过品牌营销的力量，颠覆消费者的认知，现在你还可以思考如何利用 ABCDEF 的科技，让企业、品牌适时转型，牢牢抓住你的顾客。

我们可以看到很多国际性的大企业、大品牌，因为忽视大数据时代带来的冲击，不再如以往般闪亮。例如通用电气（General Electric），曾经是哈佛大学的经典教学案例，但在转型的过程中，它没有布局人工智能及其物联网、电商等，市值已不如从前，连股神巴菲特都抛售其持有的通用电气股份。

更早的例子还包括柯达。2011 年市场对底片的需求达到高峰后，柯达一路急转直下，兵败如山倒，最终宣告破产。诺基亚曾是知名手机品牌，现在很难想象，它曾经雄霸手机市场 14 年，最后竟然将手机部门出售给了微软。诺基亚当时的 CEO 说了一句很经典的话[1]："我们并没有做错什么，但不知道为什么，我们输了。"这说明一件事，纵使曾经是叱咤风云的大品牌，终究敌不过趋势的浪潮。

当然，因为行业的不同，你可以引进的技术也可以不一样，导入的优先级也会不一样，不是所有的 ABCDEF 你都要采纳。但是，一旦采纳后，它也会成为品牌营销的养分，这就如同传统的品牌营销，找大师加持、明星代言的效果一样，而且越早采纳，还可以得到越多的媒体关注，营销效果也就越好，自然会吸引更多的消费者跟随。

根据《数位时代》杂志[2]的报道，国际企业意愿投资人工智能的占 16.4%、愿意投资物联网的占 6.3%、愿意投资大数据的占 17.1%、愿意投资云端应用的占 13.5%、愿意投资虚拟现实/增强现实的占 9.8%。这些比例仍然不高，也就意味着越早导入 ABCDEF 科技应用的企业，越容易掌握趋势，主导议题，享有绝对优势，而这是成为一个大数据时代品牌最需要的养分！

---

[1] http://www.businesstoday.com.tw/arttice-content-97132-127960.
[2] 《数位时代》295 期，2018.12。

品牌笔记

在大数据时代,品牌的转型及提升不再那么单纯,不管是哪一类型的品牌,都需要在 ABCDEF 这 6 项科技中,至少抓到其中一个,来提升你的品牌价值。

网络品牌，形塑新经济

你知道，一天之中，你会接触到多少品牌吗？

20年前，我还在奥美时，国外的培训主管告诉我们，平均每人每天会接触到2 000个品牌。现在，根据一项网络报道，我们每天居然可以接触到3 500个品牌！也就是平均每分钟，可以看到2.4个品牌。

我们一天接触的品牌，大概可以分成四大类[1]（见图2-2）。

第一种是资产驱动型品牌，拥有众多工厂和机器，例如沃尔沃、宜家等；第二种是服务驱动型品牌，没有太多硬件，但是靠服务取胜，例如沃尔玛、星巴克等；第三种是技术驱动型品牌，拥有先进的技术，例如苹果公司、微软等；第四种是网络驱动型品牌，存在于虚拟世界，例如爱彼迎、阿里巴巴等。

前三种是通过资产、服务及技术驱动的品牌，来自实体世界，我把它们归类为实体品牌（physical brand）。

---

[1] Platform Revolution, Geoffrey G. Parker, Marshall W. Van Alstyne and Sangeet Paul Choudary, W. W. Norton & Company, March 2016.

最后一种则是通过虚实整合，彻底颠覆了实体品牌百年不变的经营模式，我把它称为网络品牌（network brand）。

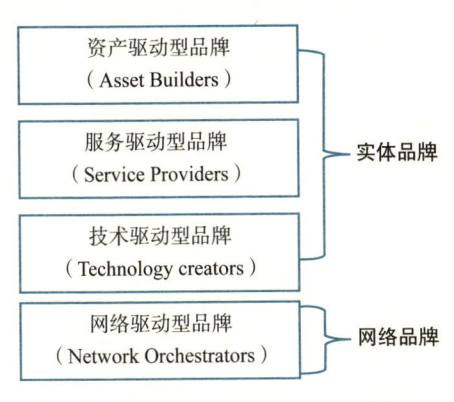

图 2-2　消费者的一天被四大类品牌包围

资料来源：整理自《平台经济模式》。

其实，网络品牌的快速崛起，也是近 20 年的事情，跟许多有百年历史的实体品牌比较起来，只是正在学走路的小孩，但是它的影响力，甚至已经超越了实体品牌，而这还只是开始，值得我们好好认识与思考。

我把网络品牌又分成三种，分别是平台品牌、内容品牌和网站品牌。接下来，我们就来谈谈这三种品牌的差别，同时确认你经营的是哪一种，才知道该如何参与这场大数据时代的品牌大赛。

第一种是平台品牌,就是能同时吸引许多供应商[①](suppliers)及消费者(consumers),聚集在线上交易。像是提供乘车服务的滴滴、为全球的商家提供平台的阿里巴巴,都是平台品牌。

例如滴滴的平台上,有许多司机与乘客,阿里巴巴有大批发商,也有小卖家。

经营平台品牌与实体品牌的最大不同就是要通过大数据不断平衡供给方与需求方的数量。此部分内容会在后面的小节中详细论述。

第二种是内容品牌,就是依附在平台品牌下的商家。例如携程网上的宾馆、爱彼迎上的民宿,或者大众点评网上的餐厅等。

从这里可以发现,内容品牌通常也是实体品牌。当这些实体品牌加入了平台,就像通过网络,对世界打开了另一扇门。

你可能这辈子没跟外国人讲过话,但加入爱彼迎,有天或许就有个冰岛人要来你家住一晚。

实体品牌经营者最大的任务,就是研究如何利用别人的平台,经营自己的品牌。

最后一种是网站品牌,就是实体品牌的官方网站,凡是

---

① 有人称为企业(Business),我把它称为供应商,因为提供服务的一方不一定是企业,例如优步的司机、脸书上的个人等。

个人的网页或粉丝页都算。现在，几乎每一个实体品牌都有官方网站，有的用来沟通宣传，有的用来经营电子商务。比如统一超商和诚品书店，都有自己的网络商店。

但是，有一点要特别注意，当实体品牌跨进了网络，最强大的竞争对手，往往是网络原生品牌。

例如，实体经营非常成功的诚品书店，当它跨进网络的大门，就会遇上博客来（台湾地区的一家网络书店）；而女性爱去买化妆品的屈臣氏，到了网络上，竞争对手可能就变成8小时到货的PChome（台湾地区一家网上购物网站）。

有许多经营者，线下经营很成功，进入网络世界后，却因为不懂网络品牌的成功法则，白白把霸主的宝座拱手让给了网络原生品牌。最经典的例子，就是从网络书店起家，最后买下全食超市的亚马逊，其创办人贝佐斯也出资买下《华盛顿邮报》，并让它成功转型，东山再起。

实体品牌要在网络获得成功，也要遵守网络品牌法则，网络品牌法则会在后续章节中展开来说。

当实体与网络的界线越来越模糊，你的品牌的竞争对手就越来越多。无论你是要从实体进军网络，或已经进入网络世界，都必须明白，你经营的是哪一种网络品牌，你的顾客又是怎么在上面交易和互动的。

品牌笔记

我把网络品牌分成三种，分别是平台品牌、内容品牌和网站品牌，只有确认你经营的是哪一种，才会知道该如何参与这场大数据时代的品牌大赛。

经营平台品牌，避免失衡痛苦

前几天有个朋友告诉我，他刚替自己的车换了4个崭新的轮胎。但这4个轮胎，不是在车行买的，而是在脸书上买的。

脸书怎么会卖轮胎呢？

原来有群车主在脸书上开了个社群，社群成员有1.2万人。其中有个人想买轮胎，还自告奋勇组团，要替大家去跟原厂谈个优惠的价格。结果，三天内就组了个3 000人的团。厂商也爽快，算一算直接卖给消费者，能省下给经销商的费用，索性将团购的轮胎打7折，团购者以现金购买，买家与卖家皆大欢喜。

如果你是脸书的运营者，恭喜，你的用户对平台的倚赖又加深了；如果你是经销商可就要担心了。这个例子告诉我们，渠道为王的时代已经过去了；平台才是王道。

我们前面提到平台是由供应商及消费者两种主要力量聚集在线上构成的。例如：优步有司机、有乘客；阿里巴巴有大批发商、有小买家；露天拍卖（台湾的一家拍卖网站）有卖家、有买家；高朋（Groupon，一家团购网站）集体组团跟厂商议价等。

这几个例子都有供应商及消费者，可以把它们归类为4种不同平台品牌的商业模式：S2C、S2S、C2C、C2S。

第一种是S2C，为供应商到消费者模式（Supplier-to-Consumer），主要是提供服务来媒合供给方与需求方，达成交易的目的。

提供这种商业模式的平台品牌最多，例如亚马逊、博客来、优步、Grab（新加坡网约车公司）、爱彼迎、缤客、猫途鹰、Yelp、YouTube，等等。因为这就是把传统实体企业做的事情搬到网络上来，对既有实体企业的生存产生极大的冲击，如亚马逊之于传统零售商，博客来之于书店、优步与Grab之于出租车服务，爱彼迎与缤客之于旅馆业者等。

由于S2C模式是品牌跟消费者直接接触，也最容易被一般人理解，所以很多网络的创业公司也把创业的焦点集中在这里，形成了在S2C这一领域百花齐放的盛况！

第二种是S2S，为供应商到供应商模式（Supplier-to-Supplier）：它主要是指提供服务来媒合两个不同的供给方，达成交易的目的。

这种商业模式颠覆了传统的供应链，也就是传统的制造业通过业务员或代理商，销售零件或原料给中下游的企业的供应链模式，所以S2S的商业模式颠覆了中间商存在的价值。S2S最具代表性的公司，当然非阿里巴巴莫属。

除了阿里巴巴，在西方国家仍然有一些把S2S平台经营得很成功的公司，如FlexfireLEDs，它是一个为全世界提供各种灯光照明器材的平台，无论你是户外灯光设计师，还是室内装潢公司，都可以在这里找到你需要的照明产品；Restaurantware 则是提供一切餐饮用品的平台，无论你是开餐厅、酒吧还是咖啡馆，都可以找到你开店需要的物品，包括厨具、餐具、清洁用品、设备等。FlexfireLEDs 和 Restaurantware 的共同特色，就是都有用户的评价系统，完全符合经营平台品牌的要素。

根据 Forrester Research（美国的一家技术和市场调研公司）的预测，美国 S2S 平台的营收规模将由 2018 年的 1.1 兆美元，增加到 2023 年的 1.8 兆美元，占整体 B2B 交易的 17%，并预计未来 5 年，S2S 平台交易仍有很大的成长空间。

因此，网络的创业者，未来不一定只想着 S2C 的营运模式，也可以思考 S2S 的创业机会！

第三种是 C2C，为消费者到消费者模式（Consumer-to-Consumer），主要是媒合平台两方的消费者，通过媒合来达成产品或服务的交易。

这种交易的方式，在实体世界并不是很普遍，在网络兴起的 20 世纪 90 年代才开始普及，人们通过平台与陌生的第三人交换、买卖产品或服务。这类平台品牌成功的并不多，最具代表性的莫过于创立于 1995 年的 eBay 及淘宝网。

由于产品的交易质量难以保障，在 C2C 模式下常常发生消费者纠纷，所以C2C交易平台一旦取得初步的成功，会加入S2C的战局，如eBay、淘宝网等，开始经营传统电商的生意，与S2C平台争夺市场。

不过，像亚马逊这样成功的S2C平台也不好惹。记得在美国进修大数据预测课程时，如果你在亚马逊买了教科书，它也鼓励你将旧书卖回给它，反向做起C2C的生意。但是由于有纯熟的电商经验，亚马逊在经营C2C时，在流程上给消费者提供了更多保障。

所以，平台为了求生存，不管一开始是S2C或C2C，都可能在不同的模式之间找机会，不同的阶段有不同的应对策略！

最后一种是C2S，为消费者到供应商模式（Consumer-to-Supplier），主要是由一群消费者自发或者由平台发起聚合一群消费者，形成相对较大的采购订单来使企业提供更大的优惠空间。

这种模式也是起源于网络兴起的时代，消费者可以应用社群媒体或者是团购平台，向供给方的企业提供购买意向、买方人数、商品特征、品牌、型号及商品价格等信息，集体向企业议价，争取较好的购买条件，就如本文一开始所列举的案例。

C2S模式长期成功的案例并不多，而这股风潮是由高朋于2008年所刮起的。这类C2S的商业模式经营并不容易，例如高朋已经退出台湾市场。

以上四种商业模式，可以说是平台品牌最基本的经营模式，但是就像是实体品牌一样，随着品牌的壮大、资源的增加，品牌为了成长会不断演进。就实体品牌而言，会演化出产品线品牌、副品牌、多品牌、水平整合、垂直整合等不同模式；就平台品牌而言，则有可能在 S 与 C 之间不断地组合、演进，而产生 S2C2C、S2S2C、C2S2C 等模式。

然而，所不同的是，实体品牌的管理者绝大部分都是在经营供应商与消费者的关系，也就是 S2C；但是平台品牌则创造了更多的可能，最大的区别就是怎样经营这四种不同的关系。

平台就像一个跷跷板，无论平台属于哪一种商业模式，平台品牌的经营者都要使跷跷板两边保持平衡。否则，就会造成失衡。

什么是失衡？

举个网约车平台的例子。若司机太少、乘客太多，乘客苦等了 20 分钟车还没来，乘客就痛苦了，下一次，乘客可能就不会用平台叫车。反过来说，万一司机太多、乘客太少，司机在路上绕了半天，也等不到人叫车，司机赚不到钱，又换成司机痛苦了，司机可能就想退出这个平台。

当有一方痛苦，这些参与者就有可能退出平台，烧再多的钱也挽救不了平台的崩溃瓦解（见图 2-3）！

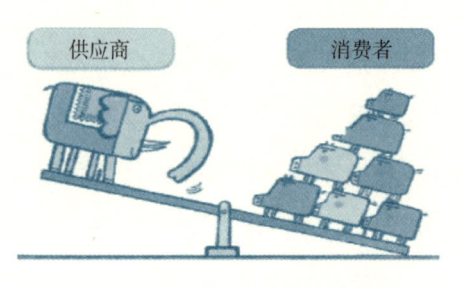

图 2-3　供需失衡让品牌陷入痛苦

所以，经营平台品牌，保持双方的平衡关系就显得格外重要。

大概有人会问，我们怎么知道什么时候司机太多，什么时候乘客太少呢？这就要靠大数据了。通过后台的大数据监测，找出每一个时段司机与乘客的数量变化，司机在路上空转的时间，司机与乘客成功对接的时间，以及乘客等待车子到来的时间，便可以算出司机与乘客的匹配指数了。

想想看，实体品牌是如何实现与消费者的匹配程度的？那就是通过整合营销的方式，全方位地吸引消费者，把产品卖出去。我也观察到，很多平台的创业者或经营者，通常会用大量投资来刺激用户量的增加，但这并非长久之计，其实应该有更好的方式。

除了烧钱，我们可以结合大数据营销，让供给方与需求方保持平衡，加快平台品牌成功的脚步。

品牌笔记

实体品牌的管理者，绝大部分都是在经营供应商与消费者的关系，也就是 S2C；但是平台品牌则产生了更多的可能，它需要经营四种不同的双边关系。

经营内容品牌，PRRO 取代 AIDA

2013 年，公司派我到上海合资公司担任总部主管，协助管理一个餐饮品牌。这是一个新事业，这一餐饮品牌的知名度非常低，在大众点评上的评价普遍只有 3~3.5 颗星。

我观察到很多消费者到餐厅前都要先打开大众点评网看一下这家餐厅有几颗星的评价，再决定是否去消费，这种行为现在已经成了一场全民运动。对于幅员广大的中国市场，正因为选择更多，所以顾客更不知道该如何选择，看点评就显得特别有效。

所以，我定下一个管理目标：要把网友的评价列为运营团队的 KPI（关键绩效指标），设定每个店的网络评价至少都要达到 4 颗星。之后，我每周开会检讨，再把网友的评价分成菜色、服务、气氛及其他四类，对症下药，限期改善。

如何让客人愿意给我们 4 颗星的评价？有些人会买假账号，写假评论，但那是欺骗消费者的行为，只会形成短暂的风潮，所以我绝不会那样做。

我怎么做呢？除了加强与改善留言所提到的基础工作之外，我还鼓励现场服务人员跟客人聊天，如果客人感觉满意，这时服务人员就会介绍我们的活动：如果客人帮我们在大众点评网上填写点评，餐厅将立即送一道菜！原本满意的客人，这下更开心了，通常会给高分好评。

结果，短短半年内九成的分店都达到 4 颗星以上，我们的业绩也每个月至少增长五成，而且这一趋势整整持续了两年。

大众点评网内的餐厅，就如同爱彼迎上的民宿、Trivago（优栈网，总部位于德国的一家酒店搜索服务网站）上的饭店，都是属于平台上的内容品牌。

美国第一任广告经理协会主席埃尔默·刘易斯（Elmo Lewis）曾提出实体品牌营销人都能朗朗上口的营销观念——AIDA 模型，即要达成营销目标，首先要让消费者知晓（Awareness）品牌，没有知晓一切免谈，其次要使消费者对品牌产生兴趣（Interest）及对产品产生购买欲望（Desire），完成以上三项任务，才有可能让消费者采取购买行动（Action）。这四个目标可以绘成一条从左上到右下的曲线，而营销的一切努力，就是把这条曲线往上推升。如图 2-4 所示。

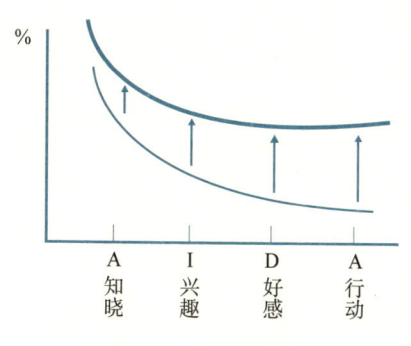

图 2-4　AIDA 模型

在这个过程中，人数会递减。对于一个处于完全竞争市场的大品牌而言，知道的人可能有9成，感兴趣的只剩6成，而渴望购买产品的人则只剩3成，最后愿意购买的，可能就只有不到1成。

在实体经济时代，品牌的经营者一般通过整合各种营销工具，花费大笔的预算，用于广告、促销及公关活动，来提升品牌的认知、消费者的兴趣及好感度，让消费者"信任"自己的品牌，最终选择这个品牌。

然而，在大数据时代，消费者信任品牌的方式改变了。世界知名的"信任"研究专家波兹蔓（Rachel Botsman）指出[①]："人们已经停止信任机构，并开始信任陌生人。"她进一步说，这是一个"分布式信任"的时代，也是一种重写人际关系规则的时代。

平台经济的崛起，则是分布式信任从萌芽到大爆发的温床。你在生活中可以发现，我们开始评价每样商品，例如评价滴滴的司机、爱彼迎的房东、淘宝的卖家等。同时，我们也无时无刻不在被评价，例如司机会评价乘客、房东会评价房客、卖家会评价买家等。

这种分布式、公开的互相评价机制，产生了对数据的依

[①] Rachel Botsman, Who Can You Trust? How Technology Brought Us Together and Why It Might Drive Us Apart Hardcover, November 14, 2017.

赖，形成新的信任基础，对企业在大数据时代建立品牌有非常大的意义。这也完全呼应了一开始所提到的，用评价来建立品牌、管理品牌是非常有效的。

虽然，大数据时代大众媒体不再那么有效，但却给了我们一个新的机会，一个应用分散式信任的机会来建立品牌。因此，我归纳出一个新架构，即以 PRRO 来取代传统的 AIDA 法则，作为经营品牌的新法则。PRRO 就是平台（Platform）、评价（Review）、信赖（Reliance）、购买（Order）。

平台：你必须找出使用人数最多、最有影响力的几个平台，然后依附在该平台上面。由于资源有限，你不可能同时去 10 个平台，就像在实体世界，你的产品不可能在所有的营销渠道上架，而是会与市场占有率最高、目标消费对象最适合的渠道合作。大树底下好乘凉，就是这个道理。

评价：认真对待你的品牌在这些平台上收到的评价。行业不同，可供选择的平台也不同，如餐饮有饿了么、美团等；住宿有爱彼迎、缤客等；租车有优步、滴滴、Grab 等。但这些平台都会提供评价系统。

许多人也许并不知道，全球最大的平台谷歌及脸书，也有评价系统。我曾经替旗下每一个品牌、每一家店，注册谷歌的商家信息，让顾客在搜寻餐厅的时候能看见我们，也让消费者消费后可以留下评论。

信赖：锁定平台后，再通过各种服务及营销方法提升顾客的评价。我们以前用客服专线来管理顾客意见，但现在顾客不见得会再打电话反映自己的意见，而是直接去网上发表评价。每一则评价，都会直接影响潜在消费者对品牌的信赖度。

根据 Forrester Research 对在线使用者的调查[①]，有高达46%的消费者相信网络上的评价，只有43%的消费者相信企业的营销信息，对于企业官方网站的信任度则更低，只有32%。如果你的品牌要得到消费者的信赖，甚至不需要通过做广告，通过提升正面评价就可以达到目的。

购买：当消费者的信赖度提高的时候，就会为品牌带来大量的订单。有些人认为自己经营的是实体品牌，不需要太关心网络，甚至也不用太了解，这其实是一件很危险的事。实体品牌生意不好，更应该去看看是不是这个品牌的产品在网络上的评价很差，而不要老想着去投硬广告。

这种在分布式信任理论基础下建立的 PRRO 品牌管理模式，让平台上的内容品牌，也就是供给方的卖家，不需要再依赖传统的整合营销来建立消费者对品牌的信任，这是在大数据时代建立品牌的一个很大差异。

---

① https://www.reviewtrackers.com/consumers-trust-online-reviews-advertisements-direct-marketing-messages/.

PRRO 是站在供给方的角度来管理内容品牌，但作为一个消费者，你一定也不知不觉地相信评价，跟着评价走。然而，这完全没有可议之处吗？

　　也许你还记得博客当道的时代，实体品牌产品如餐厅、手机、食品等，为了在网络上获得好口碑，不惜花钱雇用博客主撰写各式开箱文、尝鲜文，来赢得消费者的青睐。现在的内容品牌，同样可以聘请公关公司来制造假评论，只是目前的手法更加高明了，有些是通过 AI 机器人来撰写。这种现象，中外皆然。

　　公众号小声比比就曾经爆料中国旅游网站马蜂窝的 2 100 万条点评里面有 1 800 万条是利用机器人，从大众点评和携程等竞争对手那里抄袭过来的[1]。根据英国《泰晤士报》的披露，每月造访人次达 5 000 万的猫途鹰，有 1/3 的评价涉嫌造假[2]。

　　假评论一方面会影响平台品牌公信力，另一方面也会影响消费者对内容品牌的信任度。所以，对平台经营者而言，建立一套评论的管理机制，也是建立平台品牌的一部分。猫途鹰在经历 2018 年的假评论事件后，对评论的检核更严格了。它建立了一套大数据留言侦察系统[3]，每当一则留言被上

---

[1] https://www.fountmedia.io/article/1460.

[2] https://www.thetimes.co.uk/article/hotel-and-caf-cheats-are-caught-trying-to-buy-tripadvisor-stars-027fbcwc8.

[3] https://www.tripadvisor.com/TripAdvisorinsights/w3688.

传后，都会经历一整套的检查程序，包括侦测留言位置、发文频率、设备规格，同时检查平台供给方收到的评价与过去的评论是否相同，在做出综合判断后，才会上传。

身为消费者，我们虽然会依赖网络评价，但是也要有自己的独立判断能力，以避免被误导。猫途鹰指出，假评价有3类，即带有偏见的正面评价（Biased Positive Review）、带有偏见的负面评价（Biased Negative Review）、付费评价（Paid Review）。这些假评价，因为都存有偏见，刻意讨好某一方，所以只要多用心注意，有些也可以辨认出来。

每一件事都有它的正面及负面，评价也一样，所以，不要因为评价的负面影响而止步。在大数据时代，如果你是一个内容品牌的经营者，我建议你大胆地把网络评价列为管理品牌重要的KPI。如果你是一个消费者，也请你谨慎地参考评价，以便得到更佳的消费体验。

品牌笔记

在大数据时代，我们以PRRO来取代传统的AIDA，作为经营品牌的新法则。

大数据品牌法则之一：该做品牌电商还是加入平台？

大数据时代，网络消费已经成为常态。根据权威线上统计网站 Statista 的资料[①]，2017 年，美国网络族群已经有超过 77% 的人上网购买日常用品；同样的统计基准，中国大陆最高达到了 83%。

网络商机无限，许多实体品牌纷纷在官网卖起自家产品，但线上营业额的占比始终非常低。放眼全球，我们几乎很难找到一个传统品牌与同名网络电商都很成功的品牌，连百年大品牌 LV（路易威登）也不例外。

你要买奢侈品，你会到 LV 的实体店去，还是到 LV 的电子商务网站呢？事实上，早在电商崛起的初期，LV 就建立了自己的网站，销售其旗下产品，不过到了 2009 年却铩羽而归。

实体企业每天都在上演这样的故事。定位大师艾·里斯（Al Ries）说过："如果网络是一门生意，但是你同时把品牌放在实体店及网络，这将是一个严重的错误。"[②]

8 年后，也就是 2017 年 6 月，LVMH（LV 与轩尼诗合并

---

① https://www.statista.com/statistics/274251/retail-site-penetration-across-markets/.
② The 22 Immutable Laws of Branding, Al Ries & Laura Ries, Harper Business, September 2002.

后的集团）再度宣布进军电商领域[①]，只是这次做法变了，有了一个全新的名字，叫 24 Sèvres，不只卖 LV 的产品，也卖其他品牌的产品。

也许有人会反驳说，奢侈品不适合做电商，其他品类可能不一样啊！

好啊，我们来看看其他产品类别。谈到实体书店，我们会先想到新华书店或中信书店、西西弗等；但是若在网上买书，你先想到谁？多数人应该会回答亚马逊或当当！提到买日用品，你会到淘宝或京东，还是到宝洁或联合利华的官方网站？多数人的答案应该是淘宝或京东！

这样的逻辑全世界都一样，H&M（服装品牌）在 1989 年就建立起同名品牌的电子商务平台，但反响平平；反观优衣库及 ZARA（服装品牌）为了抢食中国大陆的网购市场，陆续加入淘宝网建立自己的旗舰店。

为什么实体品牌做同名电商很难成功呢？我认为它违反了经营品牌三个很重要的法则。

第一，违反大数据时代品牌法则。

我们前面提过，大数据时代诞生了三种新形态品牌：平台品牌、内容品牌及网站品牌。三种品牌的经营策略大不相

[①] https://www.lvmh.com/news-documents/news/launch-of-24-sevres-the-new-online-shopping-experience/.

同，但很多人都把它们搞混了。

首先，网站品牌是实体品牌的延伸，比较适合当作自家的产品或服务的完整说明书，例如星巴克的网站。如果实体品牌硬要拿来做电子商务网站，用来服务既有的会员不失为一个很好的方式，例如 Costco（开市客，美国连锁会员仓储量贩品牌）的网站。但如果逆向而为，只能事倍功半。

其次，如果传统品牌确实想要跨进电子商务市场，成为一个平台，也不是不可能，但不能用既有的品牌卖自己的产品，而要以一个新品牌同时经营同类所有的产品，才有可能成功。

最后，如果你的能力及资源不足以经营一个平台，那么你也可以加入既有的平台品牌，成为内容品牌，例如你经营的是旅馆，可以加入爱彼迎。

第二，违反品牌延伸法则。

品牌延伸的成败有三个决定性的因素：品牌资产、公司资源与消费者认知。

举例来说，提到诚品，我们立刻联想到一家风格书店，这就是诚品的品牌资产；诚品的大部分资源即安放在书店里的硬设备，是诚品的公司资源；顾客期待来到诚品，能感受到优雅的、具有人文气息的阅读氛围，这就是消费者认知。

一个优秀的传统品牌都具备这三个元素，并且一定都与

083

品牌深刻联结。换句话说，诚品网络书店虽然也用诚品这个名称，但是它无法提供那种阅读氛围，再加上实体组织经营的惯性，公司资源很难转移到网络品牌上，使得网络书店给人的印象比不上实体书店，当然无法跟专注在网络书店的网站来竞争了！

第三，违反品牌资源聚焦的法则。

有些实体品牌以为，只要在自家官网上开个入口，就可以做电子商务，一箭双雕。但因为只卖自家产品，交易量很低，却又要建立物流和资金流系统，成本很高，最后无以为继。

这类品牌很多，除了诚品、金石堂，还有华硕电脑、夏姿（服装品牌）等。王品也曾经考虑开放网络订位，增加一个收入来源，听起来很好，不是吗？事实却并非如此。一天的网络订位量只有几个，而线下店面却要派人定时检查、电话确认、进行软硬件投资等，这就提高了管理成本，所以最后，我们还是选择加入既有平台简单桌。

实体企业缺乏网络思维，做电子商务又不具备品牌原有的优势，即使做了网络品牌还要花大价钱做后台系统，这三个原因，使传统品牌做起同名的品牌电商，既不精准又不利落，到目前为止可以说几乎没有太成功的。

所以，在这个网络品牌崛起的时代，传统企业如何参与这一场游戏？我认为有以下几种可能。

一是可以把品牌官网当作服务既有顾客的渠道及媒体，把大数据会员营销发挥到极致。

二是如果决定要进入电子商务的红海，就取个新名字，找一群新人，成立一个新平台，用新思维重新开始！

三是考虑到企业的资源有限，企业可以作为一个内容品牌加入既有的平台，仍然可以取得大量的数据，直接与大数据时代接轨！

品牌笔记

> 定位大师艾·里斯说过："如果网络是一门生意，但是你同时把品牌放在实体店及网络，这将是一个严重的错误。"

大数据品牌法则之二：这些东西，别放在网上卖！

现在，不管你做什么生意，似乎都得在网上卖，难道真的是这样吗？其实，企业若把不对的产品放到网上卖，也是一种灾难。

踏入网络之前，你一定要先问自己：我的产品适合在网上卖吗？什么产品适合在网上卖？什么又不适合？营销大师艾·里斯建议，可从五个方面来检视自己的产品[①]。

第一，你卖的是有形的产品，还是无形的服务？

无形的服务，如金融、媒体、音乐、影片、旅游以及计算机软件等，在网上比有形的产品更好卖。你可能还记得，以前网速慢的时候，大家担心网络安全，要买防病毒软件，还是习惯去3C（计算机、通信和消费电子产品的简称）卖场。付了钱，消费者拿到的是一个大大的盒子，而里面只有一个薄薄的光盘。

现在，软硬件技术进步了，消费者也克服了资料安全疑虑，无形服务在网上的销售量就增长了，例如我们可以在线上订阅Apple Music（苹果音乐），也可以通过网飞看到最新

---

① *The 22 Immutable Laws of Branding*, Al Ries & Laura Ries, Harper Business, September 2002.

的影视作品，只要按几个键就完成购买，也不用担心运送问题。

第二，你卖的是时尚商品，还是一般日用品？

目前消费者直接在网络购买名包、名表、名车等心理需求高的产品还不普及。这是因为，实体店面的形象塑造及消费体验，才是这类产品成功的关键。

虽然现在消费者也能在官网购买名包、名表、名车等各类奢侈品，但这些品牌公司仍然在全球开出体验店，牢牢地吸引着忠实粉丝。

不过，我认为随着上网购物成为一种难戒的瘾，这类奢侈品公司，也要开始调整营销策略，以吸引众多的网络消费者。

未来，时尚商品的实体店面，很可能都变成展示馆，扮演创造奢华体验及品牌形象的角色。网络品牌的经营，终将颠覆传统渠道，翻转过去成功的规则。

第三，你的产品种类只有数十种，还是数千种？

当你销售的产品多到数不清的时候，例如，零件、文具、书等产品，网络就是一个好的选择。

试想一下，当你要买一支特定品牌、特定规格的钢笔，你要先找到一家文具店，来到钢笔所在的笔架前，认出这个品牌，最后把笔一支支拿起来确认。令人恼火的是，有时候走完这一套流程,你才发现没货啦!真是白白浪费了时间。

但在网上你只要输入几个关键词,就能找到想要的产品,便利又省时。

但是,如果你只有几十种产品,这些产品又没有特别之处,更没有粉丝,那么上网卖就不划算了。比如说,这时候要用自家官网开一家网络书店,肯定是拼不过亚马逊。

第四,消费者对你的产品价格敏感度高吗?

许多电子商务公司过去都是以比价起家,像是强调机票、旅馆、租车比价的 priceline(美国的一家 C2B 旅游服务网站)和猫途鹰。

这里,我要提醒大家一个重要观念:在线下渠道,价格比别人多几十元,顾客也不知道;但在网络上比价很方便,所以上网卖产品的宿命,就是被比价。你若想逃脱这个宿命,唯一的机会就是把产品差异化,同时建立品牌。

如果产品力及品牌力没有强大到消费者认为非你不可,你的价格就必须很有竞争力。反过来说,如果你的价格竞争力很强,就更适合做网络生意,因为顾客更容易注意到你的产品优势。

第五,你的产品运费占成本的比例高吗?

如果你的产品单价低、重量重、体积大,又必须当日到达或冷藏配送,运送成本肯定低不了,那就不适合上网卖。

可能有人会说，淘宝也卖卫生纸啊！那是因为，淘宝是平台，卫生纸只是它上万种产品之一。如果一个卫生纸厂商在网络上卖它的产品，那么顾客又不可能囤几十包在家里，所以不会首选卫生纸厂商的网络平台。

所以，如果你卖的是日用品，种类少、价格敏感度高，运费又占比大，那这种产品基本上是不适合上网卖的。

但也别灰心，尽管不能在自家官网做电子商务，你还是可以把官网当成服务既有顾客及媒体经营的延伸渠道。首先，官网就像一本完整的产品手册，你在实体世界跟顾客交代不清的内容，都可以放在上面；其次，官网上放公司文化、产品保证、货品配送进度、退换货政策等信息，让顾客更信任你；最后，官网作为发布官方信息的渠道，让社会大众及媒体可以在这里获得第一手的正确信息。

因此，对传统品牌而言，官网实在很难成为一门生意去经营并获利，但却很适合作为媒介，与网络上的消费者沟通，强化传统品牌的影响力。

不过，也许你注意到了，很多企业的官网，可以说是形同虚设，很多信息可能都没有及时更新，根本无法当作媒介，反而影响品牌形象。

你的产品适合上网卖吗？可以使用以上5个标准先检验一下！

品牌笔记

对实体品牌而言，官网实在很难成为一门生意去经营电子商务获利，却很适合当作媒体，与网络上的消费者沟通，强化实体品牌的力量。

大数据品牌法则之三：网络品牌，第二名的求生之道

如果 2003 年你就开始玩社群网站，你一定听说过 MySpace。2003—2007 年，MySpace 是全美第一名的社交网站，歌手在这里发曲，普通人在这里交友，全美国社交网站流量的 8 成，都来自 MySpace。

2005 年，MySpace 本来差点买下脸书，最后反而以 8.5 亿美元，卖给了美国最大的新闻集团。那一年，MySpace 的声望如日中天，流量甚至超过谷歌和雅虎。

但 2009 年后，情况急转直下，MySpace 萎靡不振，脸书却一日千里。经过多次的买进卖出，2011 年，MySpace 再以 3 500 万美元出售，只剩当年并购价的 4%。而同一年，脸书成为全美流量第二高的网站，仅次于谷歌。

从 MySpace 与脸书的此消彼长，我们认清了一件事：网络世界没有第二名，只有赢者通吃。

这也是网络与实体世界的最大差异。实体世界的同一品类，至少有两三个规模相近的品牌同时存在，有人爱麦当劳，也有人吃肯德基；有人爱喝可口可乐，也有人只喝百事可乐。

但网络世界不是这样，在每一个类别里，最后能独占鳌头的，往往只有一个品牌。在美国，社群网站是脸书一家独

大，搜索引擎则由谷歌囊括9成市场；在电子商务领域，亚马逊几无敌手；谈到在线看片，网飞也遥遥领先。

　　网络世界在中国构成一个个很独特又相对独立的市场，而且还在不断衍化。在搜索引擎领域，百度已经无出其右；在B2B电子商务交易市场，阿里巴巴几乎无人可以撼动其市场地位。

　　作为一个品牌营销工作者，我常在想，第二名，难道真的没有机会了吗？作为一个消费者，我也非常沮丧，若只有一个选择，市场竞争会是健康的吗？身为一个管理者，我也很担心企业没有跟这些品牌谈判的筹码。再者，对于一个想创业的年轻人，难道在这个大数据时代，他们就没有机会了吗？

　　其实，网络世界的第二名还是有赢的机会。想胜出，就要做第一名不想做的事，而且要做得精、做得深。

　　我们先来看一个例子。

　　在社群平台领域，微信一枝独秀，并且还不断地延伸到其他领域，如手机支付。在移动支付的领域，微信支付与支付宝的竞争十分激烈。支付宝刚开始占有大部分的市场份额，但微信支付则发挥庞大的社群优势，不断地攻城略地，微信与支付宝合计占有9成的移动支付市场。这场战役继续打下去，会不会出现发达国家市场常见的一家独大的淘汰赛呢？

就让我们拭目以待！

在面对竞争的存亡之战时，中国的平台公司与美国的平台公司采取了很不一样的策略。根据李开复的总结[①]，美国走的是轻量模式，中国则是采取重磅模式。重磅模式，就是指企业不只是成为信息与知识分享平台，还想要亲自招募商家、处理商品、经营物流、成立车队、提供维修服务、掌控支付平台等。

前面的例子证明了一件事：即使市场竞争地位已经形成，只要找出未被满足的顾客需求，即消费者的痛点，再把利基市场[②]做得比巨人还精、还深，还是能在巨人的身边占有一席之地的。而且只要口袋够深，快速布局资源，也有机会在市场中占有一席之地。

这些策略不仅适用于网络，也完全符合经营实体品牌的定位法则、焦点法则与延伸法则。

所以，网络世界真的没有第二名品牌吗？答案恐怕是不一定。只是，与其在大众市场的红海争第二名，不如去利基市场的蓝海当第一名，成功的概率更大。

若这个逻辑成立，我们就可以在大品牌旁边，找到非常多的创业与创新机会！

---

① 《AI新世界》，远见天下文化，2018.07。
② 即niche market，指市场中占绝对优势的企业忽略的一些细分市场。——编者注

品牌笔记

在网络世界,与其在大众市场的红海争第二名,不如去利基市场的蓝海当第一名,成功的概率更大。

第三章

平台构建
利用大数据运营的关键策略

平台建设不一定要烧大钱,网络品牌的成长,仰赖的是网络效应。完整的平台营销,涵盖"UI 的设计策略""供给面营销策略""需求面营销策略"。

大平台一定要烧大钱吗?

我是20世纪60年代出生的,刚步入社会那会儿,有名的经营者通常出身于业务或研发,例如台塑集团创办人王永庆是卖米起家,宏碁公司的施振荣则是研发出身。

但创业者的出身背景会随时代改变。网络时代的创业者大多具有理工或信息背景,例如脸书的创办人扎克伯格,就是技术超强的软件工程师。

超强的业务及技术能力,在创业初期很管用,但是当公司成长壮大之后,就需要其他专业来弥补。就网络公司而言,由于科技领军人才往往不擅长品牌营销,所以许多新创公司营运后便转向创投融资,用大量补贴来刺激增长。

优步创办人特拉维斯·卡兰尼克(Travis Kalanick)曾经说过:"在中国,我们一年亏损超过10亿美元。"[1] 这10亿美元的很大一部分是在与滴滴补贴大战中烧掉的。

再来看看竞争非常激烈的共享单车市场。2016年,第一辆ofo小黄车出现在新加坡国家美术馆前的广场,随后摩拜(Mobike)也加入战局,一时之间东海岸、西海岸、地铁

---

[1] https://technews.tw/2016111/28/uber-third-anniversarg-china-review/.

站外，到处停放着黄色、橙色单车。那时，我刚好在新加坡，从地铁站骑共享单车到目的地，对我来说是一件很方便的事。

由于 ofo 和摩拜两大共享单车的补贴，消费者初期是不需要付费的。2018 年 3 月，ofo 宣布融资 8.66 亿美元[①]，不久，ofo 及摩拜却相继传出运营失利的消息。2019 年初，我再到新加坡，共享单车的数量已经非常少了。显然，这场补贴大战，没有赢家。

你我都有这样的经验，我们看上的虽然是产品及服务的价值，但在平台有补贴的情况下，我们会因为便宜的价格而选择购买和使用某种产品或服务，因此，品牌为了提高市场占有率会进行无节制的补贴，试图改变消费者的消费行为。然而，一旦补贴停止，很多人也就不再选择此品牌，或者有其他品牌提供更高的补贴，而形成低价格消费习惯的人就会选择其他品牌，毫无忠诚度可言。

补贴显然是平台品牌在发展初期使用的一项非常残忍的消灭对手的策略，但也不能保证大量补贴后，就一定会成功。

比如优步，尽管也使用了补贴策略，但在近几年同样处处受挫。2016 年，优步在中国的业务被滴滴出行合并；紧接着 2017 年，其俄罗斯业务被当地公司 Yandex NV（俄罗斯最

[①] https://www.huxiu.com/article/242971.html.

大的科技公司）合并；2018年，东南亚业务又被Grab合并；甚至，连它在美国的主场，市场占有率也被最大竞争对手Lyft（来福车）拉近。

所以，补贴不是唯一或最好的策略，只能作为进入市场的初期策略，一旦取得市场后，持续的投资及利用后台大数据进行持续的营销，才是关键。

以亚马逊为例，它从在线卖书起家，取得初步成功后，再从网络书店不断扩增产品线，持续的投资使其最终取得更大的成功。

除了亚马逊，美国的其他成功平台基本上也是采用此策略，一旦取得初步的成功，就会雇用大量的大数据科学家。以网飞或脸书为例，它们拥有至少1 000位大数据科学家。大数据科学家，一方面可以优化平台的营运，另一方面可以做大数据营销的"预测"与"推荐"。

创业之初难免要烧钱，但如何让钱烧得更有效率，使企业更快成功，则是身为品牌营销人的我常常在思考的问题。

建立网络品牌，可以说是大数据时代一个全新的领域。到目前为止仍然没有一套像建立传统品牌那样的理论可供遵循。所以，我结合自己多年管理品牌的经验，以及在美国进修大数据预测科学的心得，还有回台湾后担任平台品牌咨询的经历，试图建立一套大数据品牌及营销的管理模式，跟大家分享。

品牌笔记

补贴只能作为进入市场初期的策略,一旦占领市场,持续的投资及利用后台大数据进行持续的营销,才是关键。

平台营销的金三角

营销人才，尤其是优秀的品牌营销管理人才，对企业来说一直都是非常难得的。律师、会计师这些人才都有国家权威机构的认证，而营销人才并没有相关证明文件来验证他们的能力，他们几乎只能依靠实务来磨炼及开阔视野。

好的营销人才，可以帮助品牌走好最后一里路，酒香不怕巷子深的时代早已过去。

过去，最优秀的品牌营销人一般都来自大的广告公司与消费品公司，如李奥贝纳、奥美、宝洁或联合利华等。

但平台营销与传统营销大不相同。平台品牌往往自己不生产产品，例如优步没有自己的车，爱彼迎也没有自己的民宿，共享其实就是平台的无形产品，所以平台卖的是共享的理念与服务。对于平台经营者而言，平台的"界面"及供给双方的匹配，缺一不可。

这种根本上的不同，容易使传统品牌营销人在网络平台经济时代，产生以下两种落差。

首先，是沟通对象的落差。传统营销，是在企业设定目标后，利用大量的广告、公关、促销等整合营销工具建立品牌，是一种单向的沟通。而平台营销，并非单向的企业对消费者沟通，因为平台是由消费方与供给方所构成的，所以建立品牌不再是单向的沟通，在沟通对象上，平台营销人要兼顾两者。

例如，在优步平台上，有司机也有乘客，不能所有的营销活动都只锁定乘客，事实上太多的乘客反而会让这个平台品牌提早阵亡，因为乘客太多的话，就会等不到司机，或者需要很长的时间才能等到司机，这样，消费者的体验就不好，以后也不愿再来。

其次，是沟通策略的落差。传统实体品牌的经营者就是供给方，他们通过传统的渠道就能将产品卖给消费者，利用机器大量生产产品，因此不用担心供给不足。在这种情况下，传统品牌的营销策略通常只要针对消费者就行，且消费者越多越好！但是，平台营销则不同，消费者太多会带来困扰，因为供给方数量可能不足。

例如爱彼迎的房客数量，如果多到常常租不到合适的房子，势必影响他们继续到爱彼迎寻找房源的意愿，那么爱彼迎这个品牌的经营就会出现危机。

传统营销的交易在传统渠道上完成，平台营销的共享在平台上完成，这是两者的根本不同。所以，一个平台品牌的建立，必须兼顾平台交易的UI、供给方、需求方即消费方三方。这就是所谓的平台品牌营销金三角（见图3-1）。所以完整的平台营销，涵盖 UI 的设计策略、供给方营销策略及需求方营销策略。

图 3-1　平台品牌营销金三角

我在工作中喜欢将复杂的工作，快速地简化成三件事，然后用一个金三角把整个事件的逻辑表现出来。后来我发现，只要你对工作了解得足够透彻，你就可以找到三个核心事物，而这一方法也几乎可以让你在工作中立于不败之地！

品牌笔记

完整的平台营销，涵盖 UI 的设计策略、供给面营销策略及需求面营销策略。

留住顾客的 UI 设计 8 大原则

可能你也会有这样的经历：想要加入一个平台或 App 成为会员，但是个人信息填写到一半时，可能因为各种各样的原因就放弃了，比如，找不到修改的界面，输入的字符无法复制，因功能按键的字太小总是输入错误等。

对平台的管理者来说，这其实非常可惜，等于到嘴的肥肉飞了，而其可能还以为流量太小，仍在用力地营销。这根本不是营销的问题，而是产品界面设计的问题。

出现这种状况，就是平台的 UI 没有设计好，没有好的 UI，就不可能有好的 UX，这两者是有差别的。

UI 是思考如何从视觉的角度呈现平台的内容与架构，而 UX 是思考如何从人性的角度解决问题，这是两者最大的不同。

理论上，先有 UX 的研究，才有 UI 的设计，设计好的 UI 又会影响 UX。UX 设计顾问雅各布·尼尔森（Jakob Nielsen），曾经出版超过 10 本探讨研究 UX 的书[1]，他曾经说："UX 涵盖了所有消费者对一个公司及其产品或服务的所有印象。"这与我们定义一个实体品牌带给消费者的全方位体验是一致的！

---

[1] https://www.nngroup.com/people/jakob-nielsen/.

亚洲的平台创业者，通常花很多的时间讨论平台的商业模式，却花很少的时间沟通探讨平台接口与体验设计。如果平台的创业者认识到 UI/UX 也是影响平台成功的关键因素，可能就会更加重视它们。

缤客是在线旅馆预订平台，是我出国预订饭店常用的网络品牌。无论是营销能力还是接口亲和力，它都算是当今最成功的平台之一。它的成功也反映在股价上，其每股股票的价格超过亚马逊、谷歌，更不用说其他在线平台。2018 年其每股的价格曾经高达 2 200 美元，如果你有先见之明，买了 1 张它的股票（1 张等于 1 000 股），你的身价就有 220 万美元。

爱彼迎则是一个国际化民宿出租平台，在一场爱彼迎的创办人乔·杰比亚（Joe Gebbia）的演讲[①]中，让我印象最深刻的就是爱彼迎对 UI 设计的重视。他说："我们倾全公司的资源去设计 UI，通过好的 UI 人们更愿意完成订房的服务，克服陌生人与陌生人之间彼此的不信赖。"

他甚至进一步说，为消费者留下意见的文字提供多大的空间，都是经过计算的。他认为，如果消费者留下太多文字，对平台来说是一种负担；如果留下太少的文字，信息量又不足。

中外两大搜索引擎谷歌、百度的 UI 设计都可圈可点，极

---

① https://www.ted.com/talks/joe_gebbia_how_airbnb_designs_for_trust?Language=zh-tw.

简的平台设计，把各自的功能定位得非常清楚。百度虽然是模仿谷歌，但对平台接口的优化仍不遗余力。通过追踪网络用户的视线移动，相关研究发现中国及美国用户的计算机屏幕活动热度图有明显的不同。美国用户的活动热度图较集中在左上角，而且停留 10 秒[①]就会离开搜寻结果的页面。而中国用户的活动热度图热点面积非常大，而且会在搜寻结果的页面，停留时间更长，约 30~60 秒[②]，视线投射到所有的搜寻结果，且任意点选。百度持续对 UI/UX 进行研究、调整，成功掳获消费者的心，赢得了更多的用户。谷歌则为了维持美国总部策略，坚持硅谷做出来的产品，对全球的用户已经够好了。

无论是缤客、爱彼迎，还是谷歌、百度，一个平台品牌的成功，UI/UX 绝对在其中扮演着重要的角色。然而在网络领域，很少有公司愿意投资在研究 UI 的体验与设计上，所以我们可以看到很多 App 的接口设计都是"功能"导向的，通常字体也很小，不注意的话往往看不到某些功能，从用户体验来看一点都不友好。根据研究，97% 的平台接口的设计都是相当失败的。

那什么是好的 UI 呢？人机接口研究教授拉里·康斯坦丁[③]

[①] 李开复，《AI 新世界》，天下文化出版，2018.07。
[②] 李开复，《AI 新世界》，天下文化出版，2018.07。
[③] https://en.wikipedia.org/wik/Human%E2%80%93computer_interaction。

（Larry Constantine）提出，好的 UI 需要满足 6 个原则，即结构原则、简单原则、视觉原则、回馈原则、容错原则及再用原则。我将他的原则简单归纳说明如下。

结构原则：UI 的结构要清晰，同类、同层次的东西要放在一起，这是平台或 App 的生命。

简单原则：如果能够用一个动作完成，不要设计成两个动作，每多一个动作，就是让消费者找到一个放弃的理由。

视觉原则：就是要让消费者看到当前输入页面所处的阶段，可以通过页面表头的菜单指引，或者箭头来达到目的，让每一个功能顺序都清清楚楚。

回馈原则：显示用户已经做过的选择，让用户不用担心或忘记先前做过的动作，以免用户不断往回检查，因太麻烦而放弃继续操作。

容错原则：包括允许"撤销""重做""防呆"的设计，提高输入的效率，降低错误的成本。

再用原则：就是保持一致性，即相同的功能应该有相同的名词对应；相同功能的键，永远放在同一个位置，如"确认"键固定放在右下角，无论在哪个界面都一样，用户使用时就会有熟悉感。

除了以上 6 个原则，我还要补充两个品牌营销的观点，就是 UI 的设计也要考虑美感原则及定位原则。

美感原则：这个原则其实是最困难的。就像设计一张平面广告，把文字填满容易，把字体、颜色、留白、图片配得刚刚好，就是一门艺术了。美感会增强品牌的质感及用户的好感度，从而提升品牌的价值。

定位原则：就是所有的原则都要回到品牌定位，也就是要符合平台的定位。如用户打开优质餐厅的订位平台，应该看到的是订位日期、用餐人数的提示，高档餐厅的氛围及诱人的菜品介绍，而不能仅是一堆促销信息，否则，容易让人误以为是促销网站而不是订位平台。

好的 UI 决定了完美的 UX，完美的 UX 又决定了消费者的黏着度，也就决定了平台交易的转化率（Conversion Rate），进而决定平台的成败。

全球 App 平台正如雨后春笋般出现，平台经营者应从消费者的角度、品牌体验等方面出发，认真对待 UI/UX 的设计。

品牌笔记

> UX 设计顾问雅各布·尼尔森说："UX 涵盖了所有消费者对一个公司及其产品或服务的所有印象。"

让平台卖家大增的 7 个供给面策略

大数据时代,平台创业成为显学,无论是美国还是中国,都出现了众多孵化器,用以培植新创公司,相同的是在这些孵化器内破壳而出的几乎都是"平台",诸如电商、支付、订餐、交友、影音平台等。

平台的特点就是由供给方与需求方组成,因此,探讨平台品牌的营销策略也必须同时考虑这两种对象,进而构成供给面与需求面营销策略(见图 3-2)。但各个平台的特性不尽相同,有些平台侧重供给面策略,有些侧重需求面策略,有些则是一开始重视供给面策略,再转而重视需求面策略。

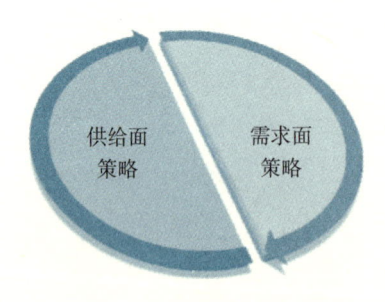

图 3-2 平台品牌的营销策略

供给面营销的目的有两个:一是平台刚启用时需要吸引供给方的加入,二是在需求方数量太多时,平衡平台的生态。

所以供给面营销的目的，就是为了增加供给方，平衡供给方与需求方的数量，以提升平台的转化率。

我归纳出供给面营销的 7 个策略，如图 3–3 所示。

图 3–3　平台的供给面营销策略

第一，影响者策略

影响者策略，可以说非常接近实体品牌常常使用的代言人策略，例如某某名人是某家餐厅的常客等。所以，平台品牌可以借鉴实体品牌的操作策略，只是需要随时利用后台大数据，兼顾供给方与需求方的平衡。

例如电商平台邀请知名卖家进驻，媒体平台向知名作家约稿，或是直播平台标榜某某网红在自己的平台直播，都能吸引更多追随者。

目前网络上非常流行"抖音"的短视频，相信你也可能用过。它的活跃用户已经突破5亿，单季 iOS（苹果的移动操作系统）下载量更是超越脸书，成为全球第一。抖音通过经营"红人"社群来吸引更多人群，可以说把网红的价值发挥得淋漓尽致。它还发起一系列活动，创造大量有趣的短片，让用户疯狂跟随。

从这个例子也可以看出，供给面的成功，也可以拉动需求面，推进平台的成长。然而，影响者策略的实施需要遵循以下几个步骤[①]。

第一步：明确定义平台的目标对象。跟所有的营销活动一样，你要先知道你的目标对象，比如，是上班族、学生、家庭主妇，还是一些专业人士，然后才能列出合适的影响者。

第二步：选定合适的影响者。在挑选影响者时，你需要有非常明确的评估标准，才可以挑选出真正能为平台带来效益的影响者。一是影响者的形象必须与你的平台所提供的产品或服务有相关性；二是影响者必须在该领域里有一定的知名度及粉丝量，且粉丝的数量不能太低；三是影响者必须具备正面的个人形象。

第三步：邀请影响者为平台制作或推广产品。要吸引影

[①] https://shopline.hk/blog/5-steps-to-instagram-influencer-mafketing/.

响者为你的产品做推广，就要让他知道这样做的益处，亦要让他知道其参与的重要性。同时要让影响者感觉到备受尊重，他才愿意挺身为你说话。然而，切记不要向影响者推销！市场推广顾问公司 Influencer 50 的总裁尼克·海耶斯（Nick Hayes）就曾说过："无论如何，大多数影响者都有一个共同的特质：他们讨厌被当作销售对象。"

第二，MGM 策略

MGM 策略（Member Get Member Strategy，会员邀请会员策略）就是应用会员邀请会员的方式，由平台现有的会员去邀请新会员加入，成功后双方都可以得到优惠。最典型的例子就是优步鼓励已加入的司机邀请新司机加入优步平台，一旦成功，他们就能获得奖励金。

MGM 其实就是会员经营的一环，许多传统品牌都在使用这种营销方式，例如零售、银行、航空公司等，都有会员制度。来到大数据时代，我们可以收集的数据越完善，它的威力可以说越强大，会进一步提升大数据会员营销。

MGM 策略成功的关键在于以下几个因素。①

（1）要能辨识高参与度的顾客。高参与度的顾客包括时

---

① https://cacigital.com/member-get-member-marketing/.

常为平台点赞、回复信息、参与活动的人，他们会进一步成为交易次数较高的客人。这类顾客具有较高的热情，较愿意为你推荐新的顾客。

（2）要有明确的沟通计划。明确的沟通计划是要让这些高参与度的顾客，知道你对他们的重视。而且这样的沟通内容要持续出现在平台、电子邮件或新闻界面的底部，让人们想要加入时，可以很方便地找到入口。

（3）记得要给推荐成功的会员奖励。奖励要经过不同方案的测试，来决定哪一个方案最有效。有效的奖励方案，也存在边际效用递减规律，所以，适时地改变奖励的内容也是必要的措施。

第三，事件策略

这也是我最喜欢的营销策略之一，因为它既省钱，又能创造良好的效果，只要你的创意够吸睛，就能吸引消费者加入平台、提供内容。这两年快速蹿红的抖音，不到两年就创造了 5 亿的活跃用户，全球也只有 6 个手机应用程序达到这个数量[1]，它靠的就是事件营销。

例如，抖音进入日本市场时，举办了一场"Tik Toker 公

---

[1] https://www.businessweekly.com.tw/magazine/Article_mag_page.aspx?Id=67585.

开挑战赛"。用户只要能创作出最受欢迎的短视频，就有机会登上涩谷黄金地段的广告牌。一时之间，6万则短视频蜂拥而至，抖音也成功占领了日本市场。

但是，要策划一次成功的事件营销，你要注意5个原则[①]，而且要满足其中至少两个原则，满足越多原则，越容易成功。(1)要有相关性，操作跟产品、对象、品牌要求无关的活动，会拉低品牌价值。(2)创新性，最好是没人做过的、首创的。(3)冲击性，消费者听到或看到要产生震撼感，有想要参与的欲望。(4)可执行性，好的创意不是天马行空，必须能够执行。(5)提供诱因，让消费者参与，同时创造营收。

我观察到很多企业策划事件营销活动，活动结束了，人群散了，一切也就跟着结束了。一次营销活动不能为品牌创造营收，甚为可惜！这种情况的产生主要是因为没有提供参与者实时诱因，留住客人，以及没有提供后续诱因，让客人有回头的意愿。

第四，奖励策略

奖励策略跟补贴不一样的地方在于，补贴是人人有奖，

[①] 《多品牌成就王品》，高端训，2016。

而奖励策略则是论功行赏，表现越好的人，得到的奖赏也越多。所以，为了得到最高的奖赏，人们会使出浑身解数，而平台也会得到更好的产品或作品。

经典的案例就是两大手机平台安卓与苹果 iOS 的存亡之争。安卓是后发品牌，为了迎头赶上 iOS，其在 10 个类别上，以高达 5 亿美元奖金鼓励工程师发布各类 App。这样的活动，吸引了全球工程师的目光，在重赏之下，大量好用的 App 不断上架，也让安卓成为另一个消费者爱用的手机平台，在市场上能够与 iOS 互相抗衡，可以说非常成功。

根据我的经验，要让奖励策略获得巨大成功，有个简单的原则，就是"大奖要大，小奖要多。"多大的奖项才叫大？基本上跟参与的难度及对象有关。难度越高，奖项要越大，如前述安卓的案例属于高难度的；参与对象则视参与者是一般人或专业人士而异，如参与者是学生，则两万元就已经非常多了。

为什么小奖要多？因为要让参与者认为虽然人人没把握，但是个个有希望。简单地说，就是总奖项的比例不能太低，视参与人数及活动类型，给奖率可以设定在 5%~30%。

第五，附加价值策略

为了提升供给方的黏着性，平台应为供给方提供核心产品或服务以外的企业解决方案。我在上海工作的时候，大众点评就为我们提供附近区域开店热点分析，给餐厅作为开店决策的依据；有的平台也会为餐厅提供消费者满意度及评论，让餐厅产生依赖感。

Inline[①]是台湾的一家云端餐厅订位管理平台，为了牢牢绑住合作餐厅，它推出了几个有效提升附加价值的功能，例如，顾客订位后，其系统会协助餐厅发送短信给顾客确认，降低人为疏忽或因顾客未出现而导致餐厅空转的损失。同时在为顾客提供预约订位后，它会估计顾客所需的候位时间，提醒顾客利用这个时间去逛街，不用在餐厅门口苦等。这虽然只是一项附加服务，但顾客及餐厅都喜欢。

再以淘宝网为例。淘宝网了解到供给方对大数据的依赖，甚至直接成立了数据公司"淘数据"，将数据卖给商家以进行商业决策。同样的，微信虽然是一个社交媒体，但是它也让企业可以在微信上建立信息、经营会员，因此进一步绑定微信用户。

知名的订房网缤客，更是创造附加价值的典范。它利用后台大数据的优势，提供合作旅馆成交价、对手价，以及平日、节庆假日价格差异分析，加上天气及汇率等信息，协助旅馆找出收益极大化的定价策略，帮助旅馆提升7%的收益[②]，牢牢地绑住了供给方。

---

① https://inline.app/.

② https://www.businessweekly.com.tw/magazine/Articel_mag_page.aspx?Id=675148&p=1.

但是，如果平台只为了把供给方找进来，赚取媒介佣金，这样的平台最终是很难成功的！因此，平台必须为供给方创造更多的附加价值，以增加供给方的黏着度。

第六，意见领袖策略

意见领袖策略，就是邀请在某个领域有深入研究的专家，成为平台的供给方，再利用他的权威及影响力，进一步吸引需求方加入。例如，在线教学平台 Coursera，就是先请知名教授开课，再绑定学生；德国在线学习平台 Iversity，则是用 B2B2C（企业对企业对消费者）模式与知名企业结盟，设计个性化课程让员工进修。

这个策略在网络世界也常用 KOL（Key Opinion Leader，关键意见领袖）来表示，不过你要先厘清 KOL 与影响者有何不同，才会知道谁对品牌有实际的帮助。

KOL 的影响力来自其作为某一个行业或对产品有研究的专家或权威人士；而对影响者的信任来自其知名度及个人的爱好[1]。

影响者通常来自线上，对社群媒体如 Instagram（照片墙）、脸书、微博等用户有极大的影响力；KOL 也会对社群媒体的

---

[1] https://blog.influencerdb.com/kol-vs-influencer/.

用户有很大的影响力，但 KOL 的影响范围则可能更多地在实体世界。例如，我的穿着打扮会参考某某网红，因为我欣赏他的穿着品位，但是我会购买某个设计师的作品，因为他才是这个领域的专家。

第七，延伸策略

延伸策略，就是平台从原来经营的产品或服务，扩增到更多的产品线。不当的品牌延伸几乎是所有创业者都会犯的错误，有些侥幸成功了，不过大部分会在不知道为何失败中失败！

品牌能否延伸，取决于消费者对既有品牌的认知以及企业资源[①]。比如消费者不认为计算机厂商可以生产好的音响品牌，但是厂商为了扩大生意，执意把触角延伸到高保真音响，消费者也是不会买单的。宏碁在多年前就曾经推出家庭剧院，却以失败告终。

但是厂商如果非要这样做呢？那就要再看企业拥有的资源，是否足以改变消费者的认知。有足够的资源就有可能逆势操作，包括可以做出业界最好的产品，或者利用更多的预算，通过宣传改变消费者的认知，赢得消费者的认同。

如果平台一开始就什么都做，消费者会不清楚平台的专业

---

① 《多品牌成就王品》，高端训，2016．

定位，就不会轻易去使用它的服务。所以，通常一个平台在某一个领域取得稳固的市场地位后，才比较适合采取这个策略。例如微信在社群交友的领域取得领导地位后，再进入支付的领域；亚马逊打败所有实体书店之后，累积了足够的技术与资源，成为无法撼动的品牌后，才转型成综合电商，现在销售超过 20 个类别的产品，成为全球市值最高的平台品牌。

如果你还没有聚焦、经营出特色，就什么都想卖，短期可能会增加 5% 营收，但给消费者的品牌印象却稀释了 95%，从长期来看就得不偿失。这也是品牌，无论是传统品牌还是平台品牌，失败的原因之一。

以上 7 个供给面策略，并不是相互独立的，也不是每次只能采用一个。企业可以根据平台所处的不同阶段而采取不同的策略，也可以交互应用，或一次同时应用两个策略。

品牌笔记

供给面营销的目的，是为了增加供给方，平衡供给方与需求方的数量，以提升平台的转化率。

让平台用户爆发的 7 个需求面营销策略

我们所接触过的成功的大平台，通常都具有很强的整合能力。优步、缤客、携程网、阿里巴巴等，都很擅长将供给方与需求方的力量，不断平衡地推进向上，促成双方更多的交易，这也是平台营销与一般消费品营销最大的不同。

在一般消费品行业，只要把需求面顾好，消费品厂商就可以大量生产，带动利润增长。但平台品牌则需兼顾供需双方，当供给量太多时，就必须靠需求方来消化。

需求面营销也有两个目的：一是平台刚开始营运时，需要有足够的买方（比如要有乘客才有人坐车），来建立平台的生态；二是供给方太多，东西卖不出去时（如房子太多没人租），就需要吸引更多的买方，来平衡平台的生态。所以需求面营销的目的，是为了增加需求方，平衡需求方与供给方的数量，以提升平台的转化率。

当平台需要更多的买方，此时就要激活需求面营销，我归纳出以下 7 个策略，如图 3-4 所示。

其中，影响者策略、MGM 策略与事件营销策略，与之前供给面的做法一样，只是这一次，我们要把焦点放在需求方。

图 3-4 平台的需求面营销策略

第一，影响者策略

也许有些人已经不记得雅虎了，但它曾经比谷歌还有名。2004 年谷歌推出的 Gmail（谷歌的电子邮件功能）比雅虎的 Yahoo Mail（雅虎的电子邮件功能）晚了将近 7 年，但 Gmail 成功了。也许你会以为原因是它提供比 Yahoo Mail 更多的免费云端储存空间，但是比雅虎提供更多云端空间的平台又何其多呢。其实一个很重要的原因是，谷歌一开始，就非常善用平台的营销策略来推进平台的发展。

Gmail 刚推出时，并不是人人都能申请的，只有某些科技业或商业界的主管才知道这项新服务。根据《时代周刊》的报道①，当时企业若想拥有一个 Gmail 的账户，是有很多限定条件的，感觉就像是加入一家高级俱乐部的会员一样。因此，那些拥有 Yahoo Mail 及 Hotmail（微软的免费电子邮箱）的用户，都非常羡慕拥有 Gmail 的用户。

这个策略成为当年科技史上非常成功的营销策略，创造了一种另类的饥饿营销。Gmail 推出两年半后，谷歌才将 Gmail 全面开放给消费者，再搭配它提供的高容量策略，使 Gmail 一举超越 Yahoo Mail 及 Hotmail，成为当今最受欢迎的电子邮件服务。

第二，MGM 策略

MGM 策略使用的例子很多，例如支付宝提供积分给老用户，鼓励现有用户推荐新的用户加入；云端储存空间 Dopbox 的用户，只要推荐新用户，就能增加自己的储存容量；优步则不只对司机，也会对乘客使用 MGM 方案。

对于平台品牌，最知名的 MGM 案例，当属创立于 1998 年、最早的在线支付工具 PayPal。一开始，使用者只要介绍一个新会员加入 PayPal，双方都可以得到 10 美元的奖励。然而，这个策略起初并没有让 PayPal 得到迅速成长。因为用户已经拿到 10 美元，并没有立即需要兑现的动机去与 PayPal 合作的平台消费，所以平台卖家无法感觉到使用 Paypal 的好处，

---

① http://time.com/43263/gmail-10th-anniversary/.

也就不会把可以使用 Paypal 支付的信息放在最明显的位置。

PayPal 花了一轮冤枉钱后，开始改变策略，要求新会员如果要得到 10 美元的介绍费，必须先在与 PayPal 合作的卖家消费至少 10 美元，才可以得到免费赠送的 10 美元。

这个小小的改变，大大地刺激了消费者的消费行为，卖家知道很多顾客喜欢使用 PayPal 付款，进而刺激更多卖方的加入，更多的卖方则提供了更多的选择，进一步吸引更多的消费者加入，让 PayPal 得到爆发性的增长。

2000 年初，PayPal 取得一个新会员需要支付 20 美元，达到阶段性目标后，它逐步将诱因降低至 10 美元、5 美元。最终，PayPal 用 6 000 万美元，让活跃用户一举超越 1 亿个[1]，成为全球最大的在线支付系统。

MGM 策略虽然被应用得很多，但用得好、用得妙的并不多，PayPal 是一个很经典的案例。

第三，事件策略

事件策略的使用最有名的就是美国总统特朗普爱用的社群媒体推特。当时，推特还未产生，只是叫 Odeo，正在为与苹果的竞争而焦虑不安。它决定转型，将刚做好几个月的

---

[1] https://www.referralcandy.com/blog/paypal-referrals/.

推特拿到美国年度多媒体音乐、影片盛会西南偏南（SXSW）活动中，把两块巨大的电子屏幕拼在一起，显示来自推特的实时信息，引起全场讨论。推特平台的推文一天立即增加3倍，迅速爆红。

事件营销要想成功，就要能创造议题，也就是要满足事件营销的5个条件：平台服务的相关性、议题的创新性、对消费者的冲击性、活动的可执行性、提供参加活动的诱因。

近年来，平台品牌所推广的最成功的需求面事件营销活动，堪称"微信发红包"，这个活动完全符合以上5个条件。

2014年，正是微信要大举攻入一直被支付宝独占的移动支付领域的一年。农历年发红包是全球华人的习俗，通常父母或长辈会发红包给小孩，老板或主管会发红包给员工。微信就借助这次契机，预告在除夕夜将发红包给大家，让大家来抢红包，可以说城市里的每个人，都在约定的时间打开微信抢红包，而且事后还会跟亲朋分享抢红包的技巧，看谁的红包抢得多。当然我也没有错过这一场盛会。

微信在过年期间推出了好几拨发红包、抢红包活动，但是后面的几次规模相对较小。根据资料显示，仅2014年春节期间，微信足足发了1 600万个红包，成功绑定了500万个新银行账户[①]。

---

① 《AI新世界》，李开复，2018.07。

这次事件营销活动，确实帮助微信逆袭了支付宝。此后，微信从支付宝一家独大的移动支付市场，抢下37%的市场占有率[①]，形成如今两强对决的局面，支付宝的马云把这个事件称为"偷袭珍珠港"。

可见，一场成功的事件营销活动影响有多深远，意义有多重大。

第四，回馈策略

回馈策略就是平台提供诱因，吸引消费者加入、消费；消费越多，回馈越多，以此增加需求方的数量及黏着度。

近年，最具有代表性的例子要算日本的 Line Pay。Line Pay 一经推出就拿出3%的高回馈金，半年就吸引了100万个会员。上百万个会员累积的消费点数等同现金，都可以到与 Line Pay 合作的便利商店、百货公司或餐厅等购买产品。Line Pay 借此进一步绑定了供给面，同时利用点数消费的优势，争取更多商家的加入，更多商家的加入，使得点数兑换更方便，用户的黏着性也越高。Line Pay 通过虚实整合，玩起供给方与需求方的跷跷板，平衡供给方与需求方的平台生态。

类似的例子可以说非常多，例如，使用街口支付于台北

---

① 《2017年中国第三方移动支付市场发展报告》，比达咨询，2018年3月。

101消费，笔笔消费享5%现金回馈，最高单笔可以回馈100新台币。

这样的回馈活动，由于人人都可以参与，其实是很烧钱的。如果参与的人太多，会消耗大量的资金。所以你会发现，Line Pay已经从一开始的每笔回馈3%，到第二年2%，再从2019年开始，改为1%了。但是如果回馈金太低，对消费者又缺乏吸引力，活动也不容易成功。

所以，国际上大的消费品公司在举办这类活动时，通常不会采取人人都有奖的方式，而会改用前述供给面提到的奖励策略，集中金额给出大奖，但是总花费又不用那么大，同样可以达到吸引消费者参加的效果。

第五，异业合作策略

异业合作就是双方通过资源交换，彼此都不必花大钱，却能互相引流，壮大彼此的会员人数或交易金额，因此也是我喜欢采用的营销策略之一。

例如，购物网站可以与Apple Pay或支付宝合作，通过庞大的手机用户及会员积分，为购物网站带来更多的客户及消费，同时也让支付工具的使用更为普及，双方都能受益。再如双方网站互设友好链接，也是异业合作的一种最简单的方式。

在选择一个异业合作伙伴时，我会考虑两个因素：品牌定位及品牌地位。

品牌定位，是指合作对象的品牌形象要能强化我方的品牌定位，或至少不冲突。

例如，EZTABLE（台湾一家餐厅预订平台）选择与美国最大的旅游评论平台猫途鹰进行合作，EZTABLE 提供用户的消费评论内容给猫途鹰，猫途鹰则带给 EZTABLE 良好的国际形象及国外旅客的导流，对双方来说都是有利的。

品牌地位则是指合作对象的市场地位，至少要能与我方的品牌门当户对或是更佳，如此才能为彼此加分。只要符合这两个条件，线上品牌就可以跟线下品牌合作，达到交叉销售或互相导流的效果。

例如，LINE 购物平台通过与 91 App（台湾较大的线上线下融合开店平台）合作，协助品牌电商自动导购，并可将 LINE 会员进一步转换成各个品牌的会员，刺激品牌流量再提升，LINE 也因此提供了更多服务，并绑定了更多用户。

第六，蚕食鲸吞策略

蚕食鲸吞策略一般是先聚焦在一个较小的市场，一边练兵，一边改善，待时机成熟迅速占领市场。这个策略的好处是，不用花费较长时间把产品做到完美再上市，而是通过快速推出、快速回馈、快速改善的方法，推出可用的产品。

例如，脸书从哈佛大学的校园起家，创业初期，它刻意把用户锁定在哈佛大学的社群活动中，吸引了最初的 500 名用户[1]，这样就能保证一旦启动社群，会员的活跃程度会非常高，同时也能不断修正平台的问题，改进平台的功能。

当脸书将市场扩张到其他校园时，它必须和其他校园内的社群网络竞争。脸书在哈佛已经练就一身武功，得到锤炼，走出校园，就开始迅速成长。之后它又在社群用户的期待下，逐一攻入其他校园、整个美国，甚至全世界。

两位年轻人要参加旧金山的设计大会，但一房难求，因而产生将自己的房子上网分租（其实只是提供气垫床）的想法，爱彼迎得以诞生。自 2008 年创立于旧金山以来，爱彼迎的业务范围初期只限于旧金山地区。

爱彼迎创办时，其创始人就认为每个人既是国际人又是本地人，所以致力于本土化政策[2]，尤其体现在语言及对房东的协助上。爱彼迎在美国扎根后，开始拓展海外市场，包括加拿大、欧洲、东南亚、俄罗斯、澳洲、中国等国家或地区。

今天，爱彼迎至少提供 26 种语言，业务范围遍及 190 个国家、34 000 个城市，提供 100 万以上的出租房，已经是一

---

[1] Platform Revolution, Geoffrey G.Parker, Marshall W.Van Alstyne, Sangeet Paul Choudary, 2016.

[2] http://www.oneskyapp.com/blog/airbnb-global-growth/.

个消费者非常信赖的房屋租赁平台品牌。

目前在爱彼迎担任国际处主管的赖特尔（Martin Reiter），在爱彼迎只有 30 个左右员工时，就加入了爱彼迎。他指出，在考虑进入新市场时，他会评估 5 个因素：为什么要进入新市场？何时进入新市场？进入哪一个市场？如何调整产品内容及商业模式？采取什么步骤进入新的市场？

他也提醒我们，虽然要快速扩张市场，但是不能对服务质量及企业文化妥协[①]，甚至有时为了顾及质量，即使手上有资金，本来可以实现更快速、更大规模的扩张，也宁愿放缓速度，以此来达到速度与体验的平衡[②]。

亚洲的创业者，常常为了快而牺牲用户体验，爱彼迎的扩张策略是很好的学习典范。

第七，免费试用策略

免费试用、免费试吃，是一种极为古老的营销策略。例如你到超市买食品，或到百货公司买化妆品，一般都可以提供试吃、试用服务，满意之后再购买。

实体品牌使用这种策略，可以说司空见惯，例如台湾的

---

① https://www.hottopics.ht/3550/advice-on-market-entry-from-airbnbs-first-head-of-international/.

② https://kknews.cc/zh-tw/tech/yj889g.html.

凤梨酥品牌微热山丘。任何走进微热山丘店面的客人，都能拿到一整块免费的凤梨酥，因此客人络绎不绝，也替品牌做了免费的广告。

这种营销手法，当然也可以用到平台品牌，而且线上的操作弹性可以更大。许多知名的平台服务，像是影音平台网飞、Apple Music等，都提供1~3个月的免费试看、试听服务。试用期后，只要用户没有取消订阅，即开始收费。

免费策略如果应用得好，一来可以壮大自己的力量，二来还可以克敌制胜。

《延禧攻略》在2018年红遍了整个亚洲，没有看这部电视剧几乎会跟不上当时的社交话题，连政府官员讲话也要拿它打比方，可见，这部宫廷剧的影响力之大。本来我在爱奇艺上可以免费收看这部电视剧，但是很遗憾，当我看到第10集时（爱奇艺根据流量随时调整免费集数），就只能看到预告片。因为我已经看上瘾了，所以只能乖乖加入爱奇艺会员。爱奇艺采取的就是先免费，再有条件收费的操作策略。这个策略在《延禧攻略》热映期间，应该吸引了很多的新会员！

平台品牌采取免费策略的前提是因为有好东西！只要东西好，就有机会把客人留下来。平台上的好东西，包括平台的接口、平台上的产品或服务等。但如果平台上并没有好东西而采用这个策略，对平台来说则是不合适的。

以上 7 个需求面策略，同样不是各自独立的，也不是每次只能采用一个。平台可以根据所处的阶段不同，而采取不同的策略，也可以交互使用，或一次同时使用两个策略。

品牌笔记

需求面营销的目的，是为了增加需求方，平衡需求方与供给方的数量，以提升平台的转化率。

平台营销的 4 种网络效应

前文讲到 7 种供给面策略与 7 种需求面策略，它们的配合使用，可以帮助平台品牌迅速壮大。

当然，你也可以根据品牌的需要及资源的情况，使用传统媒体，如全球旅馆比价预订平台猫途鹰，进入台湾地区时在各大电视台播放长达半年的广告，以求快速打开知名度；你也可以像传统电商一样，使用数字广告，以缤客为例，它在谷歌广告上一个季度就投资了超过 10 亿美元，以让它的信息随时都能出现在有需要的旅客面前[①]。

实体品牌的成长，基于品牌效应（Brand Effects）；平台品牌的成长，仰赖的是网络效应（Network Effects）。我的第一本书《多品牌成就王品》谈的是品牌效应如何帮助实体品牌成长，在本书中，我则主要聚焦在网络效应如何推动网络品牌的成长。

网络品牌，无论是平台品牌还是内容品牌，基本上是由供给方与需求方所构成，双方所构成的生态与力量，就是网络效应。

[①] https://www.cnbc.com/2018/11/05/travel-giant-booking-spent-1-billion-on-google-ads-in-the-quarter.html.

《平台经济模式》的作者帕克认为[①]，网络效应可以分为同边效应（Same-side Effects）与跨边效应（Cross-side Effects）。同边效应发生在 C2C（需求方对需求方）或 S2S（供给方对供给方），即平台两边皆为同一种对象的平台模式；跨边效应则发生在 S2C（供给方对需求方）或 C2S（需求方对供给方），即平台两边一边为供给方，一边为需求方的模式。

同边效应是指市场某一边的使用者，对市场同一边的其他使用者产生影响，例如，供给方对其他供给方的影响（阿里巴巴上的供货商对供货商），或者需求方对其他需求方的影响（交友网站 Meetup 上的消费者对消费者）。反之，跨边效应是指市场某一边的使用者，对市场另一边的使用者产生影响，例如，供给方对需求方的影响（大众点评上的餐厅对消费者），或者需求方对供给方的影响（团购网站上的消费者对供应商）。

无论是同边效应还是跨边效应，都还可以再分成两种不同的效应，即：正向/负向同边效应与跨边效应，形成 4 种网络效应（见图 3-5）。

我在前文提到，传统品牌与平台品牌存在"沟通策略"与"沟通对象"的落差，传统品牌主要沟通需求方；平台品牌则要同时兼顾需求方与供给方，把双方维持在一个平衡的

[①] *Platform Revolution*, Geoffrey G. Parker, Marshall W. Van Alstyne and Sangeet Paul Choudary, W. W. Norton & Company, March 2016.

比率，这个比率称为平台品牌营销的"黄金比率"。

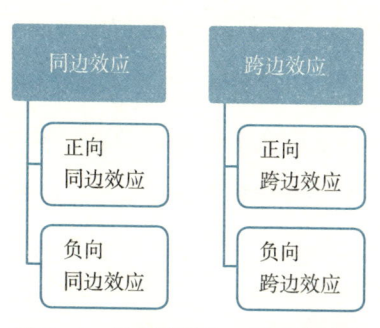

```
同边效应                 跨边效应
   │                       │
   ├─ 正向同边效应          ├─ 正向跨边效应
   │                       │
   └─ 负向同边效应          └─ 负向跨边效应
```

图 3-5　平台营销的 4 种网络效应

如果这个比率失去平衡，就会产生负向的同边效应或跨边效应，也就是平台一边的使用者增加（或减少），导致平台失去维持生态平衡的黄金比例，而对另一边的使用者造成不利的影响。例如乘客叫不到车，路上空车太多，或者对另一边的使用者产生骚扰行为。

假设 1 名优步的司机，每小时可以服务 3 名乘客，平台上有 1 000 名司机，就需要有 3 000 名乘客，这个平台的黄金比例就是 1:3。如果今天有 1 000 名的司机，但却只有 2 000 名乘客，这时司机在路上空转的概率变大，出现了负向的跨边效应（Negative Cross-side Effects），也就是发生供给大于需求的灾难（见图 3-6）。

同理，假设交友网站 Meetup 上 1 000 个人才能促成 1 个聚会，如果有 10 个人想要组成小组联谊，就需要有 10 000

133

个人在平台上，这个平台的黄金比率就是 1 000:1。如果今天有 10 个人想要聚会，但平台却只有 9 000 人，这时有的小组聚会可能找不到足够的朋友加入，出现了负向的同边效应（Negative Same-side Effects），也就是发生平台一边的使用者，无法满足同一边其他使用者需求的困境（见图 3–7）。

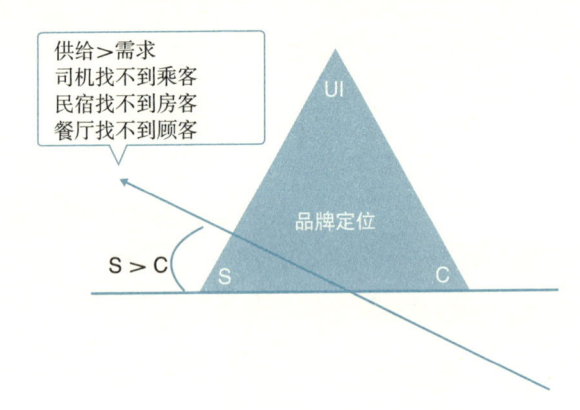

供给＞需求
司机找不到乘客
民宿找不到房客
餐厅找不到顾客

UI
品牌定位
S＞C
S   C

图 3–6　供给大于需求的灾难

需求＞供给
乘客等不到司机
房客找不到理想的房子
顾客订不到餐厅

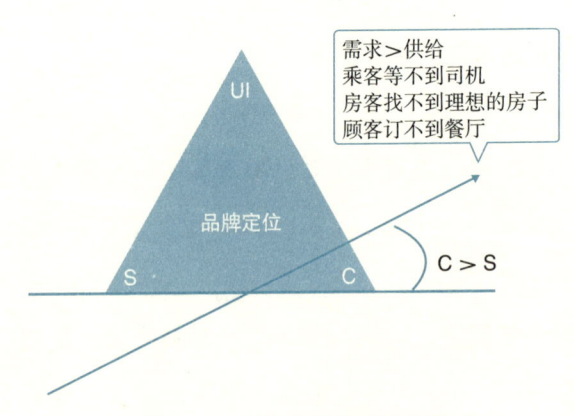

UI
品牌定位
S　　C
C＞S

图 3–7　需求大于供给的灾难

反之，如果平台的两边，无论是同边或跨边的数量及互动，都出现同步成长，而且维持一定的黄金比率，平台就出现了正向的同边效应（Positive Same-side Effects）或正向的跨边效应（Positive Cross-side Effects），这是最好的结果。

此时，我们再回来讨论为什么要进行平台的营销。平台营销的目的，简单讲就是要消除负向的网络效应，同时促进正向的网络效应，也就是避免供给方与需求方失衡，同时维持双方的黄金比率。黄金比率，即能够维持平台持续成长的比率，也就是说，平台的转化率如果是在衰退的，这个比率就要重新设定。

前文提到，平台品牌有供给面与需求面两种营销策略。当平台出现负向的网络效应时，即如果是需求方数量大于供给方的数量（C＞S），例如乘客等不到司机，房客找不到理想的房子，顾客订不到餐厅等，平台品牌的管理者，就需要及时启动供给面的营销，不断增加供给方的人数，让平台再度回到供给与需求的黄金比率（见图3–8）。

反之，如果是供给方数量大于需求方的数量，表示供过于求（S＞C），例如餐厅没人订，车子没人叫，房子没人住，那么此时平台品牌的管理者，就需要适时借助需求面的营销策略，努力提升需求方的人数，来消化过多的供给，让平台再度回到供给与需求的黄金比率（见图3–9）。

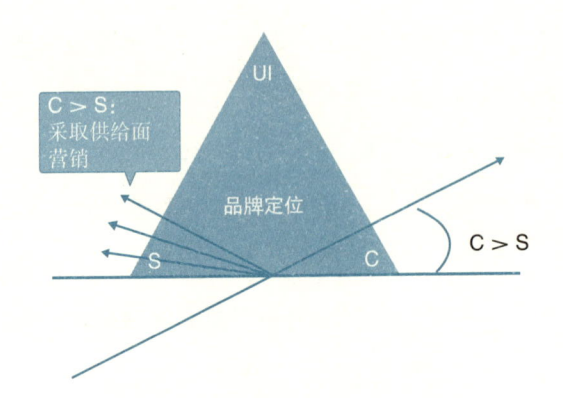

图 3-8　供给面策略增加卖方数量

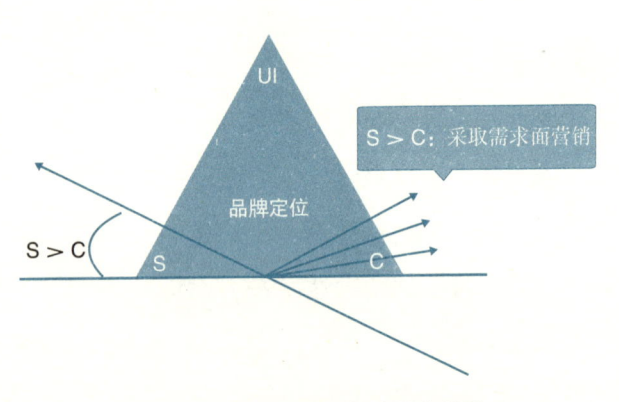

图 3-9　需求面策略提升用户数量

时而调整供给面,时而调整需求面,平台就会维持正面的网络效应,不断地向上提升,迈向成功的大门(见图 3-10)。

当然,平台的经营,不只是靠营销。跟管理实体品牌一样,当出现负面口碑的时候,一味地以为营销不足,到处花钱找广告公司的做法，并不可取。殊不知这可能是管理的基本面出现了问题，如产品质量不合格、服务不到位等，这是经营者最容易出现的盲点。所以，当出现负向的网络效应时，经营者要先确认是什么地方出了问题，再对症下药。

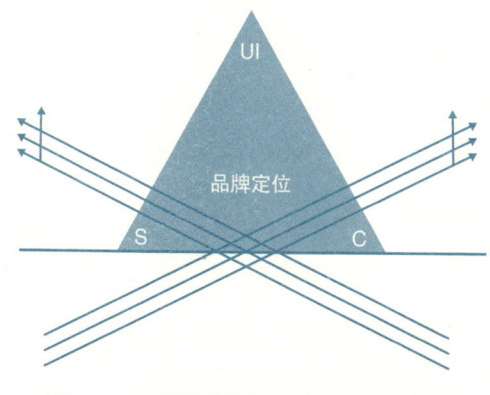

图 3-10 供需同步向上的正向网络效应

最后，如何判定何时该采取供给面营销，何时该采取需求面营销呢？如果没有把握好时机，对平台来说可能是雪上加霜，过多的营销反而变成一场灾难！此时，就需要靠后台大数据来支持。

平台品牌与实体品牌最大的不同之一，就是可以通过后台来全面掌握使用者的行为轨迹。但是大数据要观察哪些指标呢？除了使用者的行为轨迹、黄金比率，我认为平台至少需要定期追踪三个 KPI：撮合时间、等待时间及转化率。

撮合时间，是指完成一笔交易所需的时间，如优步司机与乘客配对成功的时间，撮合时间快，代表平台效率高，双方数量丰沛。

等待时间，是指撮合成功后，供给方回复需求方的时间，如优步上的乘客等待司机的时间，或者爱彼迎房客等待房东回复的时间，回复快，代表供给方的服务质量优良。

转化率，视营销目标不同，最终的转化率是成交的转化率。作为一个营销活动的执行者，不只要关心是否达成转化率，而且要尽一切努力提高转化率。

平台品牌的经营属于新经济的一环，未来的变量仍然非常多，每个国家随着社会发展、经济进程的不同，也会衍生出不一样的策略，值得你我继续探究！通过这些内容，希望能够帮助创业者、平台品牌管理者少花钱，让品牌更快成功！

品牌笔记

实体品牌的成长，根植于品牌效应；平台品牌的成长，仰赖的是网络效应。

第四章

预测营销
大数据分析
与精准预测

预测分析跟传统商业分析最大的差别在于，我们不再是分析一整群顾客的行为，而是预测每一个顾客的个别行为。

大数据的商业分析与预测分析

常有人问我,大数据为什么突然爆红?这句话问得对,也问得不对。

对的部分是爆红。软件和硬件的进步、数据搜集及储存成本的大幅降低,以及消费者结构的迅速变化,使得企业需要进行实时数据分析,四个原因俱全,才使大数据一夜爆红。

不对的是,早在大数据这个词出现之前,许多企业已经开始使用 ERP 和 CRM 系统来记录生产及顾客的行为轨迹。所以有位流通业专家就说,"大数据?我们早就用了"!

但是他说的大数据,其实指的是商业分析。

商业分析是应用简单软件,如 Excel(微软的电子表格软件),来分析静态数据。企业内 80% 以上的决策问题,都能用商业分析的方法解决。

除了商业分析,大数据的另一个重要功能是预测分析。现在爆红的大数据,其实指的是预测分析。

预测分析,通常是用高阶统计软件如 KNIME[①],来分析现有资料,进而预测个别消费者的未来行为。预测分析,虽然

[①] KNIME 是一个整合机器学习与数据挖掘的大数据模块化工具,也是免费的开放资源,功能接近需要付费的 SAS(一款统计分析软件)。

只占大数据分析的 20%，但往往能为企业创造 80% 的价值。

商业分析与预测分析的比较，如图 4-1 所示。

常用商业分析法	高阶预测分析法
使用比较简单的方法分析资料，呈现的结果是一个平均数的观念，例如 Excel 等。	使用高阶的统计软件分析过去的资料，预测个别消费者未来行为，例如 KNIME 等。

图 4-1　商业分析与预测分析的比较

一家公司能否导入预测分析，可以从以下 5 个方面思考。

第一个方面，是否拥有跨领域人才。我在前面提过，大数据涉及三种专业：信息、统计与商业实务，同时具备这三种专业的人，称为数据科学家。大数据应用，不能只靠信息或者统计分析专家，最重要的是要有懂得解读、提供观点的实务专家。而且这些实务专家，也要了解信息与统计应用的基本概念。

第二个方面，是分析工具，包括质化分析与量化分析。质化分析处理的是非数字的大数据，例如舆情分析，常用的工具如 InfoMiner，它每 5 分钟会撷取最新相关信息，包括谁在攻击你、谁在讨论你、发生什么跟你有关的事。它让用户能比对手更早发现关键信息、掌握竞争优势，有些竞选人使用这个工具进行数据分析。

至于量化分析的工具，则可以分为商业分析工具与预测分析工具，也可以把它视为不同的算法，因为分析的重点不一样。

如果是网络品牌，可用的大数据监测与分析工具就更多了。

比如，Facebook Like Checker，它能帮你确认对手的脸书究竟有多少个赞，也就是真正的粉丝数；Facebook Business Manager，则能帮你管理账号、粉丝页和所有管理员。Facebook Analytics，则能让你了解既使用手机又使用电脑的顾客的浏览路径，并分析顾客的行为。

除了这三种脸书工具外，还有另外两组工具。

一是使用分析工具。大家最常使用的大概是 Google Analytics[①]，它能从流量帮助你判断广告效果，也能追踪影片、社交网站、App 的成效。亚马逊的 alexa（www.alexa.com）也有类似的功能。

二是社交媒体分析工具。比如说，quintly（www.quintly.com）能帮你追踪品牌在社交媒体上的表现。无论是脸书、推

---

① Google Analytics，是谷歌为网站提供的数据统计服务，可以对目标网站进行访问数据统计和分析，并提供多种参数供网站拥有者使用。——编者注

特、YouTube、领英（职业社交网站）、Instagram，你都能通过与对手做比较，来优化你的社交媒体策略。Socialbakers（社交媒体数据分析公司）也有类似功能。

第三个方面，是决策时间。如果公司给的决策时间短，那就用简单的工具进行商业分析；如果决策时间长，就可以建立大数据的分析系统及软件工具。要建立一套大数据应用系统，是需要步骤的，这在后文会提到。

第四个方面，是预期报酬率。预测分析的报酬率，最明确的就是转化率，也就是点击数转化成订单数的比例。导入预测分析之前，转化率通常很低，能达到1%~2%就已经算是不错了。但亚马逊导入大数据后，黄金会员（Prime Member）的转化率就超过了7成[1]。

第五个方面，是计算机硬件的数据处理能力。这部分包括处理及储存。硬件系统除了要有充足的储存空间，还要有强大的处理能力，才能应付大量的数据处理。如果你刚收集数据，数据连10万笔都不到，也不需要一步到位。大数据系统的建设、需求的规划，可以说比软硬件投资更重要。没有规划，绝对不要轻易买硬件。

许多企业一直都在做商业分析，而预测分析则是未来可以开发的分析方向。

---

[1] https://buyerlegends.com/amazon-conversion-rates/.

大数据是未来的石油，如果不希望 10 年后变成坐在石油上的乞丐，现在就开始采取行动吧！

品牌笔记

企业内 80％ 以上的决策，我们都能用商业分析方法来解决，预测分析虽然只占分析的两成，但往往能为企业创造 80％ 的价值。

商业分析6步骤：商业分析要有观点

我在奥美集团服务了12年，每个月，都要做很多客户提案。当主管后，我要看很多报告，因此修改报告、提升报告质量，就成了一项很花时间，也很重要的工作。

对同事们写的商业分析报告，我发现最多的问题是：章节繁多，令人眼花缭乱；分析与结论交互出现；观点很少，解决方案更少；没有运行时间与预算等。

为了解决这些问题，我要来介绍一个6步骤的商业分析流程，即TASSSB：Task—Analysis—Strategic view point—Strategic option—Schedule—Budget（见图4-2）。这是一个经过实践检验，最容易被管理层及读者理解的商业分析方法，非常实用。

课题 Task	分析 Analysis	策略性观点 Strategic view point	策略性方案 Strategic option	运行时间表 Schedule	预算 Budget

图4-2 商业分析6步骤

课题

报告中所有的分析与结论，都要围绕着课题展开。如果报告能塑造吸引人的题目，就能提高读者的阅读兴趣，用问句破题也是一个被证明有效的方法，例如"银行分行绩效分析与国际品牌策略"，就不如"如何提高银行分行的绩效？如何打造一个国际品牌？"有吸引力。

分析

资料到处都有，但要写出一份令人满意的报告，分析的范围就要仅限跟课题有关的资料。要用哪些工具分析呢？我偏好使用STEP分析、竞—消—我分析，以及SWOT分析三种分析工具。

STEP分析的对象是环境面，指的是从社会（Society）、科技（Technology）、经济（Economy）与政治（Politics）四个角度来分析。

竞—消—我分析，就是竞争者—消费者—自我分析，分析对象是产业面。谁跟我竞争？消费者怎么看？我们有什么优势？这三个问题正好构成一个金三角。简单讲，就是要找出"我们家有、别人家没有、消费者想要"的差异化产品与要求。

SWOT分析，分析的对象是企业面。SWOT这四个字，分别代表优势（Strength）、弱点（Weakness）、机会（Opportunity）与威胁（Threat）。SW分析的是企业内部的优势与弱点；OT分析的是企业面对的外部机会与威胁。SWOT四者交叉，可以形成不同的策略与观点。

SWOT 分析通常能作为前面两种分析的结论。有些简要的商业报告，也会直接用 SWOT 分析并做成结论。

策略性观点

这里要提醒的是，观点与发现是不一样的，发现是提出事实，而观点是解读事实。

举例来说，若某一地区每年出生人口低于 20 万，这是分析后的发现，将来父母在每个小孩身上的支出金额将会增加，则是解读数据后的观点。

策略性方案

有观点，才能说服；有方案，才能执行。所以，方案也代表了执行力。

比如说，分析报告发现环境污染一年比一年严重，策略性观点是可以发展电动车行业减少污染源。但是该怎么发展电动车行业呢？是税收补贴？消费者购车补贴？还是广设充电站？这些就是策略性方案了。

运行时间表

公司主管最关心的就是报告的运行时间表了。有了时间表，就可以讨论何时开始、如何进行、何时完成。我当主管时，只要同事有执行的时间表，我就不再紧逼工作进度。因为有进度，主管就会放心；主管放心，员工就有自主性，好处多多。

预算

最后一个步骤，就是提出预算。我习惯预算多加10%，因为执行时总有一些不可预测的因素。但实际执行时，花每一分钱都要非常谨慎，所以最后往往还会以少10%的费用，就能达成目标。

一份好的商业分析报告，当然可以更细致、更复杂，但TASSSB是经过实证的最基本的原则。

一般而言，很有经验或具有策略的人，才能提出策略方案。所以，我看报告的时候经常注意到，要么发现很多，观点很少；要么观点很多，方案很少，导致计划流于书面，难以实行。

观点是分析的结论，也透露报告者的实力。所以我看报告，会先看中间的两个S，也就是策略性观点与策略性方案，以判断这份分析报告是否言之有物。如果有，再回头来看看分析有没有道理。

所以，做分析要多琢磨策略性观点与策略性方案。大数据决策，指的正是看了数据之后产生观点；或有了观点之后，再找数据佐证。

观点驱动大数据，即 insight drives big data，没有观点，大数据分析就没有意义了。

品牌笔记

做分析要多琢磨策略性观点与策略性方案，所谓"观点驱动大数据"，没有观点，大数据分析就没有意义。

预测分析 6 步骤：建立精准模型

我在加州大学进修大数据预测科学的第一天，教授在白板上写下的第一句话就是"为个别事件预测某事（predicting something for an individual case）"，也就是，大数据分析就是针对个别消费者一对一的预测分析。

我当时很疑惑，鼓起勇气举手发问："为什么是一对一的？"

没错，大数据预测分析，谈的不是针对一群人的市场行为预测，而是一个人的行为预测。

为什么马云会说，大数据是现代的石油？因为大数据不仅可以加工后拿来贩卖，也可以用来预测个别消费者的行为，同时给他们推荐适合的产品。但是要把这件事做好，企业首先就要循序渐进地把分析模型建立好。

预测分析也有 6 个步骤，目的是要建立一个预测模型。建模过程中精确性很关键，因此，流程必须比商业分析的流程更严谨。

预测模型的建立一般有两种派别，即 SAS 公司的 SEMMA 与 SPSS 公司的 CRISP-DM。而我归纳后又找到一种比较容易理解的方法，即 TAMEDI，分别代表 6 个步骤：课题（Task）、分析（Analysis）、建立模型（Modeling）、评估（Evaluation）、导入（Deployment）及解读（Interpretation）&洞察（Insight）（见图4-3）。

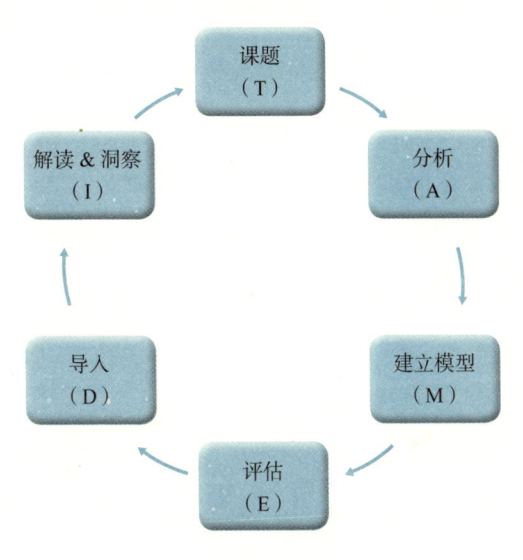

图4-3 预测分析6步骤：TAMEDI

课题

与商业分析最大的不同是，预测分析的课题，是解决一个个人的问题。例如：如何提高每一个顾客的贡献率？如何唤醒每一个沉睡中的客人？

如果用在非社会科学的领域，通过模型的建立，可以用来判断迎面而来的是一部车还是一只宠物，甚至是一部轿车还是卡车,是一只猫还是狗,诸如此类的问题。

分析

大数据科学为什么会有这样的威力?因为它吸收了人类累积的数据,经过消化后告诉你未来是什么,它的概念有点像天气预报。

因此,数据的正确性决定预测的准确性。所以分析的第一步是理解现有数据、清理不必要的数据,以便确认所要分析的数据库都是可用的、有用的。

建立模型

建立模型的算法很多,首先,要决定采用何种算法,每一种算法都有优缺点,没有绝对的好或坏。其次,预测模型既然是利用既有数据建立的,那么数据的处理就非常重要了。

在建立模型时,要先将手上的数据分成训练数据(Training Data)及测试数据(Test Data)两部分。通常,80%的数据是训练数据,用来建立初步模型,另外20%的数据是测试数据,用来验证模型的正确性。大数据软件可以让我们设定这两种数据的比率,同时随机抽取。

评估

当我们用测试数据来检验模型准确度时，通常会发生四种情形：真阳性（True Positive）、真阴性（True Negative）、假阳性（False Positive）、假阴性（False Negative）。

举例来说，当决定是否放款给某位客人时，银行会先预测这位客人会不会逾期不还。这将产生以下四种情形。

（1）预测客人会按期还款，且银行决定把钱借给他，这就是真阳性。

（2）预测客人不会按期还款，且银行决定不把钱借给他，这就是真阴性。

（3）预测客人会按期还款，银行却不愿借钱给他，这就是假阳性。

（4）预测客人不会按期还款，银行却把钱借给他，这就是假阴性。

第（1）（2）种预测结果，都是正确的，所以比率越高越好；第（3）（4）种则是越低越好。这种预测还可以应用在很多地方，例如：顾客浏览各项信息后，会不会购买产品？银行该不该核发信用卡给申请者？某个病人会不会得阿尔兹海默病？

导入

这个步骤，是将已经确认的算法及模型，导入实际的应用中。在这个阶段，操作系统的人就是用户或者是前台的人员，例如客服部门、营销部门、银行的核卡部门等，而不再是跨领域的大数据科学家。

解读与洞察

这个步骤，就是通过预测模型，提供分析结果。这个阶段也可以导入可视化分析软件工具，解读、判断、提出观点，是这个阶段最重要的事。

最后，再强调一下，模型不是凭空产生的，而是通过算法消化既有的数据建立的，所以数据的精确定义非常重要。更进一步，新数据进来，通过反复的机器学习，也会不断修正模型，预测就变得越来越精准，这就是 AI 机器人最终能打败世界围棋大王的原因。

因此，在这 6 个步骤不断循环的过程中，你的模型预测就会越来越精准，你对顾客行为的掌控也会越来越强大！

品牌笔记

TAMEDI，6个步骤不断循环，模型预测就会越来越精准，你对顾客行为的掌控也会越来越强大！

商业分析，营销主管该关心的 9 个议题

营销人经常要对品牌或产品做分析报告，80%的营销议题，都能通过商业分析来完成。但是，值得分析的议题很多，如果你是营销总监，该优先分析哪些议题呢？我归纳出以下 9 个议题。

（1）目标对象是谁？
（2）各品牌的消费对象有何不同？
（3）消费者购买了什么产品？
（4）消费者对产品的满意度如何？
（5）消费者都接触什么媒体？
（6）什么渠道的销量最好？
（7）什么促销活动最有效？
（8）品牌是否已经老化？
（9）新老顾客的比率有何变化？

第一个议题，目标对象是谁？究竟是谁买了我们的产品？实际购买人群与我们原本设定的对象有何不同？这里需要特别注意的是，销售对象与营销沟通的对象可以不一样。

例如，耐克的营销沟通对象是年轻人，但耐克的精神是运动家精神，因此吸引的销售对象非常广泛，从 18~80 岁都

有可能是它的购买者即销售对象。

又如，宝马的车主，往往是具有经济实力的人，但它的广告诉求对象并不局限于这些人，也会与买不起宝马的人沟通。

第二个议题，各品牌的消费对象有何不同？也就是说，你的品牌消费对象与竞争对手的消费对象有何不同？

举例来说，耐克与阿迪达斯、宝马与奔驰、链家与我爱我家，虽然都属同一产业类别，但是目标消费群却不见得相同，可能是人口统计特征不同，也可能是心理状态的差异。

第三个议题，消费者购买了什么产品？同一个品牌下往往有许多不同的产品，消费者究竟买了哪一种产品？是主打产品、高单价产品，还是促销产品？

如果你经营的是多元品牌，你也会想知道，各品牌的交叉销售情形，例如买了A品牌的消费者，是否也消费过B、C品牌。通过这个分析，可以了解品牌的定位是否成功，或者可用以修订交叉销售的策略。

第四个议题，消费者对产品的满意度如何？满意度是顾客是否再次光临的重要指标之一。

大数据时代，产品的满意度数据，不只来自企业自己的调查，还有来自网络的评价，甚至网络评价更受重视。

第五个议题，消费者都接触什么媒体？顾客是因为接触了哪些媒体，才知道你的品牌的？他们除了接触传统媒体，还接触了哪些线上媒体？是网站、App、网络广告、电子邮件还是社群？

了解信息的来源，是为了找到最符合成本效益的沟通渠道。

第六个议题，什么渠道的销量最好？企业都想知道订单是从哪里进来的，线下与线上的来源比率如何。

许多品牌的销售结构正在改变，来自线上的订单，刚开始比率可能偏低，但会不断增长。例如餐厅的订位，目前来自线上的比率多在 5% 以下，但有逐渐增加的趋势，值得企业好好耕耘。

第七个议题，什么促销活动最有效？品牌的促销活动越来越多，哪一种最有效？恐怕很多人并不知道。

要找出哪一个促销活动最有效，首先要在每一种促销上注明来源。对实体营销来说，最常见的做法就是采用二维码记录消费者兑换内容及兑换时间，事后分析就能知道哪一种优惠方案最能够打动他们。对网络品牌来说，记录及分析促销活动则相对容易。

第八个议题，品牌是否已经老化？过去，创立满 10 年的品牌，才会出现老化的现象，现在，一个品牌满 3 年，就有可能需要进行品牌再造。

品牌老化，会反映在很多方面，例如品牌承诺[①]不再被认同，消费者厌倦现有的品牌风格，品牌不再被消费者讨论，还有客户群结构老化等。尤其是最后这一项，其实可以通过商业分析进行确认。

第九个议题，新老顾客的比率有何变化？找出新老顾客的黄金比率，是营销总监非常重要的功课。

万一你发现，新客人越来越少，老客人越来越多，可千万别高兴地以为品牌忠诚度很高。真相很可能是，你的品牌无法满足年轻人或新客人的喜好。

根据我的经验，一个成熟的品牌，如果老顾客比例大于70%，新顾客不及30%，就该担心品牌老化提早来临了。此时，企业启动品牌年轻化工程，比什么促销活动都重要！

商业分析提供的是一个平均数的概念，可以让我们更了解品牌的全貌。但是，在大数据时代，商业竞争进入了营销4.0时代，我们更需要了解个别消费者的行为。企业若要对个别消费者投其所好，就要进一步了解预测分析！

---

① 品牌承诺（Brand Promise）是品牌长期提供给消费者的核心价值。好的品牌承诺也可以化作一句简洁有力的标语，例如早期麦当劳是"欢乐美味就在麦当劳"，现在是一句更时尚的"I'm lovin' it"（乐在其中）。

品牌笔记

商业分析提供的是一个平均数的概念,可以让我们更了解品牌的全貌。

预测分析，营销主管应关心的 9 种个人行为

2018 年初，我在网飞注册了一个账号，还没来得及观看影片，却从谷歌、脸书、电子邮件等铺天盖地收到推荐的内容。网飞投资了 800 多位大数据科学家，就是在为我们预测及推荐更多的影片及电视剧，让我们离不开它！

预测分析与传统商业分析最大的差别在于，它不再是分析一整群顾客的行为，而是预测每一位顾客的个别行为。

所以，如果你是某品牌的营销或策划总监，你该关心顾客的哪些行为呢？我认为至少有以下 9 种。

（1）谁会点击（Who will click）？

（2）谁会购买（Who will buy）？

（3）谁会进入沉睡（Who will lapse）？

（4）谁会诈骗（Who will lie）？

（5）谁会死去（Who will die）？

（6）谁会是恐怖分子（Who will commit crime）？

（7）什么时候买（When will he/she buy）？

（8）买什么（What will he/she buy）？

（9）花了多少钱（How much）？

这 9 种行为分别代表什么意思呢？

第一种行为，谁会点击？要观察顾客在网络上的行为，有 5 个重要指标：流量、曝光量、点击率、参与率与转化率。

但谈到点击，许多人最先想到的就是流量。对营销人来说，谈流量是不够的，还要进一步分析，谁点了链接？谁会点进网站或活动网页？这个人就是品牌的潜在活跃消费对象。

第二种，谁会购买？点击的人很多，但是谁才是最后购买产品的人？这就涉及转化率。企业花钱营销最后关心的也是这个。

预测营销的目的，就是要精准预测顾客的购买行为，不断提高转化率。这群人是最有价值的顾客，同时构成有效的数据库，通过算法建立预测模块，下次若有新的顾客加入，就可以精准推荐产品给他们。

第三种，谁会进入沉睡？除了关注活跃的顾客，营销总监也要关注可能进入沉睡状态的顾客。这样做的目的是在顾客进入沉睡前，把他唤醒。

这里说的沉睡，是指顾客已经不再与我们互动，不登录、不点击网络页面。我为客户做指导服务时，也会发现，有的企业号称有数百万客户数据库，但是若进一步依照顾客活跃度来分级，数据库可能就没多少了。

因为，顾客们往往处在不同状态，这数百万笔顾客数据中，可能不到 1/3 是清醒的，就是最近一年打开邮箱或登录官网的消费者；另外 1/3 已经进入第二个购买周期尚未被吸引进行购买，即将进入沉睡状态；最后的 1/3，可能连续三个购买周期都没有响应，已经进入冬眠状态。

第四种，谁会诈骗？政府机构或大企业，现在都要通过预测分析来反诈骗，避免民众及企业的损失。

金融业广泛应用大数据预测分析哪些民众会诈贷、盗刷，或是逾期不还款，来决定是否核发信用卡或提供贷款。

第五种，谁会死去？预测分析也非常适用于医疗产业，因为相较于商业领域所收集到的数据，医疗产业的数据更准确。

例如，可以用数据来预测某个阿尔茨海默病患者多久之后可能身故，从而制定相关政策，如保险给付金额、病床需求、看护人力等。

第六种，谁会是恐怖分子？欧洲及美国不断受到恐怖分子的攻击，通过大数据预测谁是恐怖分子成为美国大数据应用的主流之一。身为亚洲学生的我，在课堂上听到教授分享这样的案例，感到非常震撼。

一些大公司例如 IBM 等，通过研究各种不同算法，收集网络、手机使用行为，实时预测谁是炸弹客、假难民，协助政府预防恐怖攻击事件的发生。

第七种，什么时候买？指的是顾客什么时候会采取购买行动,是收到促销的当下,还是平日、假日,或者白天、晚上。这些都有不同的意义。

当顾客经常在夜间买东西时,这名顾客很可能是一个夜猫子,他需要的是一些舒缓精神或者帮助睡眠的产品。如果顾客经常在周末才买东西,表明这名顾客可能平时很忙,她可能需要一些提升工作效率或者帮助完成家务的产品。

第八种,买什么?了解顾客买什么,目的是为了未来可以交叉推荐产品给他。

如果顾客买了手机,他后续可能需要的是手机壳、无线耳机等相关的配件;如果顾客买了行李箱,可能准备要出国,那么此时,品牌推荐他多国插座、旅行保险组合等旅游相关用品,就会大大提高成交率。

第九种,花了多少钱?有些人爱买高单价产品,有些人爱买低单价或性价比高的日用品。

如果顾客总是偏爱促销品,则企业应为其提供优惠及促销组合;如果顾客常常购买高价品,则表示这名顾客为了生活质量,愿意多花一些钱,企业应推荐更多高质感的产品或者优质的新产品,才能打动顾客的心。

有些品类多的电商,通过对顾客购买价位的了解,找出了特别受欢迎的价格带,甚至会开辟价格专区,比如500元以下,方便新进入者搜寻,提高成交率。

以上第七项到第九项,是前六种个人行为的结果,目的就是要预测顾客什么时候会采取行动,以及会采取什么行动。

比如,当客户申请了一张信用卡,银行就该关心他什么时候会下单;顾客办了一张会员卡,餐厅就该关心他什么时候会来用餐。知道顾客的购买时间,企业就可以抓对时间做营销,以及推荐适合的产品。

大数据时代,顾客的价值远远胜于从前,利用大数据预测科学,可以让每一位顾客发挥数倍于以前的价值。

品牌笔记

预测分析跟传统商业分析最大的差别在于,它不再是分析一整群顾客的行为,而是预测每一位顾客的个别行为。

商业分析算法,解决 80% 的工作难题

你已经知道,如果你是公司的营销总监,你应该关心 9 个与消费者息息相关的议题。乍听之下你需要懂得许多计算分析方法,事实上,商业分析的算法并不多,只需要知道 5 种分析方法(见表 4-1),就能解决工作中 80% 的难题。现在,我们一一来看,这五种分析方法的适用情境与优点。

表 4-1 商业分析算法

工 具	说 明	例 子
整体分析	分析某个市场、品牌、产品的族群结构、消费结构、产品结构、营销组合等。可以同时对比两群人的差异,并加以比较	脸书的使用者年龄介于 30~49 岁;王品牛排的主要消费者为 35~49 岁;60% 的顾客点牛排主餐
相关分析	分析两个或多个事件的关系,希望用其中一个事件解释或影响另一个事件	网络广告量与品牌销售有直接关系
规模分析	利用既有的资料,估计市场规模	利用市场占有率及总人口数,推估市场规模
趋势分析	分析一段时间内,各个市场、品牌、产品的走势,从走势上升或下降再去找原因。可再分为纵断面与横断面分析	从历年的年龄走势分析,品牌已有老化现象

（续表）

工具	说　明	例　子
指数分析	以指数大小，判断哪一个市场、品牌、产品较为突出。以平均数作为分母，个别项目作为分子，会得到大于、小于、等于100的数字	指数小于95或大于105，表示这个项目的反应大于整体平均数，是一个观察点

整体分析

这是最常用，也最易懂的分析方法，可以用来分析某个市场、品牌或产品的族群结构、产品结构或营销组合等。

如果用来比较竞争品牌，则可了解彼此的差异，知己知彼。例如脸书的使用者年龄介于30~49岁，Instagram的使用者则介于15~25岁，明显比脸书的用户年轻许多。

相关分析

相关分析，就是分析两个或多个事件之间的关系，目的是希望找到其中一个事件对另外一个事件的影响。

有时候我们想知道两个事件之间的关联，例如网络广告量的多寡，是否对销售有直接影响，又或者上网时间的长短，是否会影响产品销售的转化率。这时候，相关分析就可以派上用场。

规模分析

当我们想进入一个全新的市场时，往往会发现，可以参考的数据相当有限。若是想知道市场规模，则可以用手中有限的数据，来估算市场总量。

例如，约有30%手机用户使用苹果手机，所以苹果支付的市场潜在规模，就可能是30% × 手机用户数 × 每人平均消费金额。

趋势分析

这里指的是一段时间内的总量发展趋势，又可分为纵断面与横断面分析。

例如，分析脸书年龄结构的改变后，我们发现，10年来年轻人的比率有减少的趋势，则可判断品牌有老化的征兆。这是时间数列分析，也叫纵断面分析。又例如，第一季度的广告营收与去年第一季度相比，增加了20%，表现出强劲的增长。同期比较的好处是能克服季节性影响，这种分析方法叫作横断面分析。

我在看营收增长的时候，比较关心横断面的分析，因为季节性因素可能使这个月的业绩落后于上个月，因此只要与去年同期相比还有增长，就是可以接受的。

指数分析

这个方法简单,不需要复杂的统计,所以我偏好用这个方法,来找出品牌的目标对象与市场划分。

举例来说,如表 4-2 所示,第一列将一个国家的消费者年龄结构划分为 15~24 岁、25~34 岁、35~44 岁、45~54 岁、55~64 岁、65 岁及以上 6 个等级;第二列为总体消费者的分布比例;第三列为 A 品牌的消费者分布比例;第四列为年龄指数,即 A 品牌的消费者分布比例除以总体消费者的分布比例,再乘以 100。

这样年龄指数就可以得到大于、小于或等于 100 的数字,而我们关心的是指数大于 105 及小于 95 的年龄结构。当指数小于 95 时,代表 A 品牌的目标对象在该年龄结构的分布相对较少;大于 105,像表 4-2 中的 124 和 130,则代表目标对象在该年龄结构的分布相对较多。

表 4-2 年龄指数分析

年龄(岁)	总体消费者分布比例(%)	A 品牌的消费者分布比例(%)	年龄指数
15~24	16.4	13.9	85
25~34	23.8	29.5	124
35~44	18.0	23.4	130
45~54	13.1	13.2	101

(续表)

年龄（岁）	总体消费者分布比例（%）	A品牌的消费者分布比例（%）	年龄指数
55~64	13.0	12.6	97
65及以上	15.7	8.9	57

以此类推，指数分析法可用来分析性别、教育程度、地区等，最终可得出类似这样的描述：A品牌的目标市场主要为女性、25~44岁、大专以上教育程度、住在一线城市的消费者。

大数据科学还不成熟的时候，上面这五种方法，都是一种总体或平均数的概念，可以帮助我们解决80%的商业分析问题，即使到了今天，这些方法仍然很管用。

但是现在，大数据时代来了，我们可以收集每一位消费者的行为轨迹及数据，通过数据科学解决剩下20%的企业问题。这20%也将创造另外80%的价值，善于使用者就有机会在这一次的大数据浪潮中趁势崛起！

品牌笔记

商业分析算法，是一种总体或平均数的概念，可以帮助我们解决80%的商业分析问题。

预测分析算法，创造另外 80% 的价值

你应该还记得，预测分析需要关心每一位顾客的行为。身为营销总监，你需要预测 9 种个人行为，而这些都要通过预测分析算法实现。

预测分析算法，可以说非常多，而且有非常悠久的发展历史。不过以前它都是放在统计学科，现在则常见于大数据及预测分析的书籍中。由于大数据软件的快速发展，很多算法都已经被写进软件工具中。相对于在统计学科中的理论证明，现在它更着重于应用及解读。

这里要跟大家介绍 7 种常见的大数据预测分析算法，但不会有复杂的证明及演算过程。你只要了解每一个算法的概念及应用即可，剩下的就可以交给大数据预测软件工具，然后解读分析结果即可。

这 7 个算法分别是线性回归、逻辑回归、决策树、k-均值分群、关联法则、时间序列分析、人工神经网络[1]。其中，我会特别介绍决策树、关联法则、人工神经网络这 3 种算法。决策树容易帮助你了解算法的逻辑，关联法则，广泛应用于零售业及电子商务平台，至于人工神经网络，则是发展 AI 的

---

[1] *Handbook of Statistical Analysis & Data Mining Applications*, Robert Nisbet, John Elder and Gary Miner, Academic Press.

热门算法，无论你在哪个领域，都要对此有所了解。

第一种是线性回归（Liner Regression）。这是最常用的统计算法，主要是用已知的一件事（自变量）来预测另一件事（因变量），称为简单回归；也可以是用已知的两件事来预测另一件事，称为复回归。例如，根据卫生纸的购买数量，来预测家庭的人口数，用来决定推荐个人产品或家庭日用品。

第二种是逻辑回归（Logistic Regression）。主要是处理是与非的问题。例如，预测一笔交易是否可能为盗刷，一名顾客是否会逾期缴费，一个人是否可能得癌症。工作中我们需要做很多这一类是与非的决策，而逻辑回归提供了这样的科学根据。

第三种是 k-均值分群（k-mean Cluster）。简单地说，就是将手中的数据根据某种方式分组，同一组内的数据相似度高，不同组之间的差异性大。例如，对消费者生活形态的调查，同一区域的消费者，可以根据不同的活动、兴趣及意见，区分成不同的族群，针对不同的族群可以采取不同的要求及策略。

第四种是时间序列（Time Series）。就是按照时间收集及排列某个事件的数据，通过分析时间序列所反映出来的发展过程、方向和趋势，来预测下一个时点可能出现的事件。例如收集历年的国民生产总值、公司销售数据并排序，用以预测下一阶段的经济增长及企业销售情况。

第五种是决策树（Decision Tree）。顾名思义，这个方法将变量由上而下分解，分析结论长得像棵树形图，然后通过这个树形图的流向来预测一个人的行为。例如根据一个已知的旅游数据库，我建立了以下决策树预测模型（见图4-4）：愿意支付"高"旅游费用的消费者选择坐汽车出游，愿意支付"中"旅游费用的消费者则选择搭乘火车出游，但是只愿意支付"低"旅游费用的消费者，选择的交通工具就比较多元，有人选巴士、有人选火车，无法只用"旅游费用"这个变量把数据完全分类。

这时预测模型加入"性别"变量的判断：如果这些"低"旅游费用的消费者是男性，会全部选择巴士，而女性则更复杂。此时，又加入是否拥有私家车来判断：没有私家车的消费者，全部选择巴士；有私家车的全部选择火车出游，此外再也没有其他的可能了。

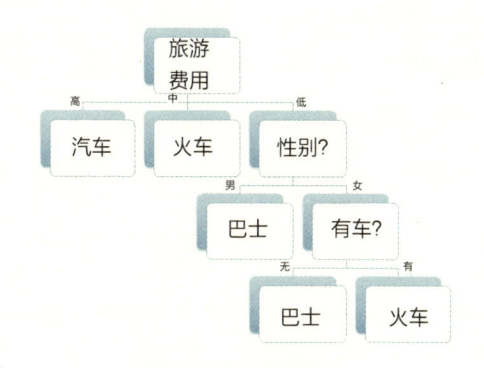

图4-4 决策树

现在，如果要预测一个人出游时会选择何种交通工具，只要掌握了这个顾客的相关资料，就能做出判断。比如根据愿意支付的旅游费用、性别、是否有私家车，把一个人的数据输入模型中，就会得到一个判断的路径，比如"低"旅游费用－女性－没有私家车→选择巴士出游。

也许你会问，我们怎么知道要选择哪一个变量来做一层一层的判断。这么复杂的算法，就可以交给大数据预测分析软件了，它会帮我们做无数次的计算，直到找到一个最佳的、也就是预测成功率最高的模型。

第六种是关联法则（Association Rule）。这是大数据预测的热门应用，方法是寻找一个事件与另一个事件出现的依赖性，如果有关系，就可以用一个事件的出现来预测另一个事件也可能会发生。关联法则的算法[①]包括 AIS、SETM 及 Apriori 等，而 Apriori 是被广泛应用的算法，它通过机器学习的原理，学习商业实务数据之间的关系，适用于大量数据的分析，从而建构出一个预测模型。

例如，现在假设某超市有 20 万笔实务数据，其中，有 4 000 笔也就是 2% 的顾客购买纸尿裤，5 500 笔也就是 2.75% 的顾客购买啤酒。分析显示，有 3 500 笔的交易，也就是 1.75% 的顾

---

① https://searchbusinessanalytics.techtarget.com/definition/association-rules-in-data-mining.

客，同时购买了纸尿裤和啤酒，这个比率看起来很低，但是，事实是有 87.5%〔(3 500÷4 000)×100%〕购买纸尿裤的顾客，同时购买了啤酒。这就是教科书上有名的太太叫先生下班顺便去买纸尿裤，先生买了纸尿裤，顺便把啤酒也带回家的经典案例。

关联法则，可以应用于购物篮分析决策（Market Basket Analysis）。购物篮分析的目的是探究货架上的产品是如何被消费者购买的，以及产品与产品之间被拿取的关系。如果掌握了它们之间的关系，比如买 A 产品的顾客也会买 B 产品，就可以将这两种产品摆在一起（这是超市的决策）或者买 A 产品的顾客，就推荐他买 B 产品（这是电商的决策），再或者为了卖 A 产品，提供 B 产品优惠（这是促销决策）。

关联法则，这个强大的机器学习预测分析算法，已广泛应用于零售业及电商平台。例如亚马逊有 3 成营收是来自预测营销，Target 百货比一位爸爸更早知道其念高中的女儿已经怀孕等。

最后，我要来介绍人工神经网络（Artificial Neural Networks）与 AI、机器学习、深度学习的关系[1]（见图 4-5），这几个抢占媒体版面的新物种，时时被认为要取代人类的工作，它是怎么做到的？

AI 这个概念，可以说 20 世纪 50 年代就已经有了，但是

---

[1] https://blogs.oracle.com/bigdata/difference-ai-machine-learning-deep-learning.

那时候的人工智能聚焦在逻辑推论的方法，也就是模仿人类推理的过程来预测未来的事件。受限于当时计算机硬件的效能不足、储存空间太小以及数据量太少，所以 AI 只能解决一些数学问题，无法在实务上应用，因而沉寂下来。

```
Artificial Interlligence
人工智能            Machine Learning
                   机器学习
                                Deep Learning
                                深度学习

20 世纪 50 年代   20 世纪 80 年代   21 世纪
```

图 4-5　AI 的演进

一直到 20 世纪 80 年代，计算机科学家受到生物大脑神经元运作方式的启发，开启了 AI 领域人工神经网络的概念，进入机器学习的时代。机器学习是让计算机模仿人类学习的方式，从既有的大数据中，不断地比对、消化及吸收，学到一个经验值后，用这个经验值去判断某一事件是否出现，并不断地精进。

最有名的例子，就是斯坦福大学 AI 实验室与视觉实验室负责人李飞飞教授所举的例子[1]。人类在生活中如何教小孩辨

---

[1] https://www.ted.com/talks/fei_fei_how_we_re_teaching_compers_to_understand_pictures.

识一只猫？就是在家里、路上、野外看到站着、走着、躺着、四脚朝天的猫时，都要告诉小孩这是一只猫，当小孩把老虎、花豹当成猫时就要给予纠正，久而久之不管猫以什么形态出现，小孩都能分辨一只猫了。

李飞飞教授开启的 ImageNet 图片识别数据库项目，光是猫便有超过 62 000 种不同的外观或姿势，如今计算机从这个图片大数据库中，不仅可以分辨猫，还可以分辨狗、路灯、吊桥、奔跑的人等。

简单讲，机器学习就是通过人工神经网络算法，给计算机"学习"无以复加的各种各样的图片，之后计算机就可以用来"预测"看到的事物。

到了 21 世纪，加拿大多伦多大学的辛顿（Geoffrey Hinton）教授[①]，克服了人工神经网络反向传播优化（找出最小值）问题，为机器学习重新换上了深度学习的名字并应用了深度神经网络算法。深度神经网络算法，是由输入和输出之间的许多"中间隐藏层"组成，算法学习这些中间层的特征，例如一连串的图像"边缘"特征，可以辨识出"部分脸部"，最后，AI 可以辨认出一整张"脸"，同时预测这张脸就是"Sara"[②]（见图 4-6）。

---

① https://en.wikipedia.org/wiki/Geoffrey_Hinton.

② https://blog.gcp.expert/ml-3-how-to-train-ml-system/.

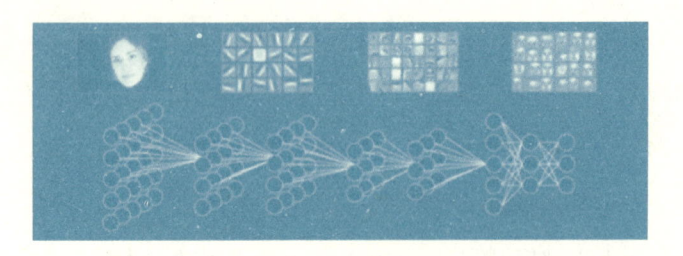

图 4-6 深度学习

如今深度学习的技术广泛应用于医疗影像辨识、天气预报、智能交通、股市预测等，还可以不断复制到更多不同的领域。这也就是为什么谷歌奇点大学的教授霍华德担心，未来人类 80% 的工作可能都会被 AI 取代，而具有创造性的工作可能没有想象得那么多！

品牌笔记

对于一个品牌管理者或营销人来说，不一定要懂得那么多统计学方法及算法，但是最重要的是懂得它们的概念，应用它们来预测消费者的行为，为品牌带来更高的收益！

大数据分析，从数据清理开始

越来越多的企业开始利用大数据做分析应用，我也常被问到两个问题："我的公司没有数据，怎么做大数据分析？""我的公司数据很多，但是不知道从何开始？"

关于第一个问题，我的答案很简单：没有数据，也就没有包袱，现在就可以开始收集有用的数据！

第二个问题就比较复杂了，也反映了许多企业正面临的难题。根据媒体报道，全家便利商店（台湾一家连锁便利店）用10年收集了190万笔数据，要导入大数据应用时，它却发现这些数据都不能用，只好重新建立数据库。

无独有偶，杏一医疗可以说是台湾少数可以做到预测市场需求，提高进货、销货与存货管理效率的业者，但它也说："本来要投资大数据工具，却发现买工具也做不了什么事，因为数据乱七八糟，顾客的年龄有100多岁的，也有负的，地址、电话也错。"[1]

这可能是比较极端的例子，但事实上，企业的资料的确散见于各处，有的在业务端，有的在营销端，甚至有的在客

---

[1] https://www.businessweekly.com.tw/magazine/Article_mag_page.aspx?id=69250.

服端，相当混乱。

要怎么把重要数据整合起来呢？过去我每年要出版一本《顾客红皮书》，分析各品牌的消费行为。需要用到的数据也是散布各处，最后就是通过利用数据仓储（Data Warehouse）工具，把数据整合在一起的。

整合数据之前，要先清理数据，在这个步骤中，你很快就会发现很多问题。我想，你至少会面临下面6个挑战，而这些问题也是我过去曾经碰到过的[①]。

第一个挑战：没有资料（No Data）。由于过去并没有设定目标，所以企业没有保存需要用的数据。

比如说，刚开始没想到日后会在顾客生日时回馈给顾客生日礼物，所以建立数据时没有询问顾客的生日，日后就少了一项可以应用的数据。

第二个挑战：过时的资料（Out-of-date Data）。有的企业虽然保存了数据，但数据的保鲜期已过，用途不大。

比如说，5年前收集的客户的电子邮箱，有些电子邮箱服务可能已经终止，客户已不再使用，或是客户早已换了工作，电子邮箱就得重新收集才行。

第三个挑战：不完整的数据（Uncompleted Data）。虽然

[①] Handbook of Statistical Analysis & Data Mining Applications, Robert Nisbet, John Elder and Gary Miner, Academic Press.

有资料，但数据字段不完整，导致只有部分数据可以应用，或者必须补齐才有应用价值。

例如，姓名、电话、地址、购买数据都有，但是没有记录交易时间、金额，以至于没有办法做进一步的分析。

第四个挑战：遗失的数据（Missing Data）。这种情况是，有数据，数据字段也很完整，但是某些笔数的数据字段却是空白的（见表4-3）。

例如，1年12个月的资料，某些地区的购买数据是空白的，这是代表没有交易还是交易金额是零？这些字段必须被处理。若是确认是没有交易，就要填入零或平均数，以降低对总体数据的影响。又或者，如果你的数据笔数非常多，且遗失的数据是随机发生的，可选择删除这些数据。

第五个挑战：稀少的资料（Sparse Data）。该有的字段都有，也有记录，但是交易行为发生的数据数量非常少（见表4-4）。例如，请消费者来为某部电影写影评，但是大部分人都没有看过这部电影，造成有评价的数据过少，导致数据缺乏分析的价值。

表 4-3 遗失的数据

姓名	1月	2月	3月	4月	5月	6月	7月	8月	9月	10月	11月	12月
张三	39	61	53	15	0.53	0.151	0.121	0.91	0.61	0.61	0.91	0.151
李四	100	177			0.73	0.176	0.309	0.472	0.665	0.888	0.1141	0.1424
王二	149	179	209	239	269	299	329	359		30	60	90
陈一	48	78	108	138	168	198	228	258			30	60
马九	26	56	86	116	146	176	206	236	266	296	326	356
赵五	6	36	66	96	126	156	186	216	246	276	306	336
韩六	123			30	60	90	120	150	180	210	240	270
钱七	10	40	70	100	130	160	190	220	250	280	310	
周八	8	38	68	98	128				30	60	90	120
吴十	13	43	73	103	133	163	193	223	253	283	313	343

表 4-4　稀少的数据

姓名	《摘金奇缘》	《巨齿鲨》	《瞒天过海：美人计》	《死侍2》	《遗传厄运》	《鬼修女》	《阿尔法》	《升级》	《22英里》[一]	《网络谜踪》
张三										
李四		9								
王二										
陈一										7	5
马九										
赵五										
韩六										
钱七				5						
周八										
吴十									8	

第六个挑战：不精确的数据（Inaccurate Data）。最常发生的状况，就是用不同的衡量方法，提供不一样的数据。例如在线广告通过 Google Analytics、DoubleClick[②] 或 Tracking Pixel（一种数据分析工具）的分析，可能就会出现不一样的数据（见图 4-7）。应用前，应该先了解衡量各方法之间的差异。

---

① 1 英里 ≈ 1.6 千米。——编者注
② DoubleClick 是美国一家网络广告服务商，主要从事网络广告管理软件开发与广告服务，成立于 1996 年，2006 年被谷歌收购。——编者注

183

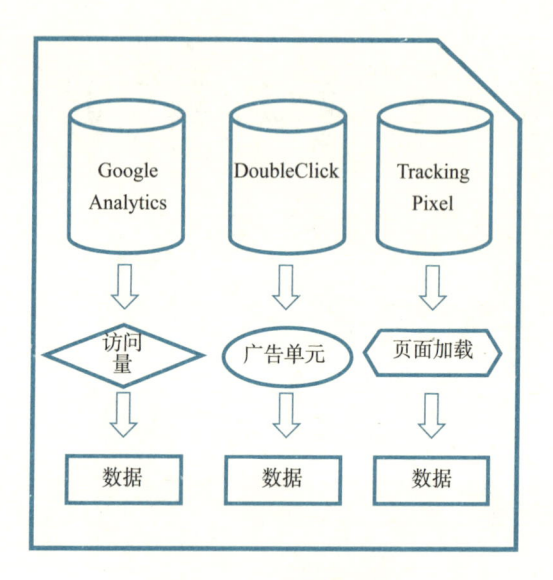

图 4-7　不精确的数据

根据我的经验，企业里 80% 的数据可能都缺乏使用价值，整理过后，能用的数据可能更少。有位企业经营者问我："整理后的资料，剩下不到 2 000 笔，怎么办？"很多公司在大数据转型过程中，都有同样的困惑。

这个问题的答案要视你的大数据，是要用于商业分析上，还是预测分析上。

如果用在预测分析上，例如通过机器学习建立大数据预测模型，数据则是多多益善。

现在很多 AI 的学习，都是通过大数据预测分析算法来进行的，例如，利用类神经网络进行图片的学习，分辨看到的是一部车、一只猫、一个人或是其他东西，这时数据就要越多越好。因为学习过各种各样人的样子，无论是高的、矮的、站着、坐着、躺着还是穿着不同的衣服以后，一部 AI 自动驾驶汽车才能辨认出有一个人正在朝它走过来，或者有一个人正倒在路上，需要实时做出刹车的判断。

对于数字的数据也是一样，亚马逊或 Target 百货建立的大数据预测模型，也是应用大数据关联法则算法，学习、浏览大量的实务数据后，建立精准的模型，预测顾客的消费行为，最终做出适当的决策。

但是如果将大数据用在商业分析上，2 000 条顾客或者销售数据，绝对比 20 万条没有经过整理的数据资料来得有用！例如应用 2 000 条有效的会员数据，去做新会员推广，转换率绝对高于 20 万条无效数据，而且成本更低。

最后切记，大数据并非"数大就是美"，应该是"不怕少，怕不好"。这就是做大数据分析前，我们要先整理资料的原因！

品牌笔记

大数据并非"数大就是美",应该是"不怕少,怕不好"。整合资料之前,要先清理资料,在这个步骤,你很快就会发现很多问题。

大数据分析，要问对问题

我在网络上看到一段短片，场景是一个幼儿园的老师在问一群天真无邪的小朋友问题：树上有十只鸟，猎人开枪打死了一只，请问树上还剩几只鸟呢？

我将这个问题分享给来听我演讲的听众，大部分人给我的答案是9只。你一定很想知道，这群天真的小朋友是怎么回答的。

第一个小朋友的回答是一个问题："猎人用的是无声手枪吗？"老师赶紧回答是一般的枪。其他小朋友接着问：确定那只鸟是真的被打死了吗？鸟有没有被关在笼子里？鸟有没有智力的问题，是不是听到枪声都不知道要飞走的那一种？老师啼笑皆非，小朋友仍然不放过老师：鸟里面有没有残疾或饿得飞不动的那种？里面有没有怀孕的那种鸟？这时老师从啼笑皆非转而有点儿生气。小朋友还是不放过，问里面有没有情侣，一方被打中，另一方陪着殉情的呢？

这个例子也许是被设计过的，但是这些场景在生活中的可能性的确也是存在的。我们在世俗中，接受了各种礼教、规范，发现问题的能力有时反而不及还是白纸一张的小朋友。

大数据时代，有无限的可能。记得有个听众问马云，大意是你觉得未来会是什么样的？马云的回答也很巧妙，他说你能想象到的未来都不是未来，说明未来有无限的可能性。

所以，当解决一个问题的时候，你一定要打开你的思路，问出未来的可能性，而不是那么快地给出答案。

你还记得大数据的 6 个 V 吗？其中第 6 个 V，就是价值 Value。大数据如果没有应用在企业实际业务中，就没有价值，就是空谈。

但是，大数据要发挥价值，有两个方向。第一，从资料的分析中看出问题，这个方向适合善于分析数据的大数据专家。第二，从实际中发现问题、大胆假设，再通过大数据找答案，这个方向适合具有实战经验的专家。

无论是哪一个方向，我们都要问对问题，从数据中找到彼此的关联性，才能让数据发挥价值。

我也常向来找我要答案的人提出一些问题。例如有经营者说，做了很多营销活动，我们的业绩还是不好，要怎样才能让营销活动更成功？我想说的是，你的业绩不好，到底是营销宣传不成功，还是你的营销创意不好？这个问题的前提是假设产品是没有问题的。

我曾经遇到一位经理人，很擅长举办营销活动，但她每次检讨，结论都是消费者对她的创意不买单。有一次，我耐心地了解了她办过的营销活动，发现她的有些创意还不错，为什么业绩一直没有起色？原来她每次宣传的时间都很短，有时候只有三天，可能消费者刚刚知道这次活动，她的这档活动就结束了，然后，另外一档活动又要开始了。

所以她面临的困难，很可能并不是营销活动或者创意不好，而是营销的宣传期太短、传播面不够广。

AI即将取代人类部分的智慧，未来人们要的大部分答案，谷歌会告诉你，AI也会告诉你，快速地提供答案不再是未来职场的竞争力，学会问出好的问题，找到未被发现的处女地，或者找到两个看起来不相关事件的关系，才是未来的竞争力！

品牌笔记

谷歌会告诉你所有的答案，但没有办法代替你问出一个好问题！当你在解决一个问题的时候，学会问出好问题比什么都重要！

预测营销，6个KPI检视成效

你还记得大数据预测科学吗？就是"为某个事件进行一对一的预测"这句话。

所谓的事件，就是一个人的日常生活。一个人在不同事件下，有不同身份，来自现实世界的与来自网络世界的，会产生不同的数据。一个人，平时，你是消费者；生病时，你是一个病人；买房时，你就变成一个贷款者。企业搜集一个人在不同情境的需求数据，就能分别用于不同场景，如厂商、医院和银行做预测。

我谈到很多的案例，都是来自网络世界，例如亚马逊、优步、网飞等，所以可能你会误以为预测营销只发生在虚拟世界。事实上，实体经济仍然占有80%以上的交易行为，而实体品牌在大数据时代，也可以好好发挥预测营销的价值。

所以，在谈论预测营销的KPI时，我们也必须考虑实体品牌关心的内容。

网络上可以找到不下数十个指标，来评估你的营销活动是否成功，可以说令人眼花缭乱。有些指标是用来计算执行过程的，但是站在品牌负责人的角度，我关心的指标有限，大概只有6个KPI就够了。

这6个KPI，又可以分成4个预测指标（Predictive Indicator），即流量（Traffic）、曝光量（Impression）、参与数（Engagement）、转化数（Conversion）；2个财务指标（Financial Indicator），即每一互动成本（Cost Per Action，CPA）、毛利指数（Operation Profit Index，OPI）（见图4-8）。

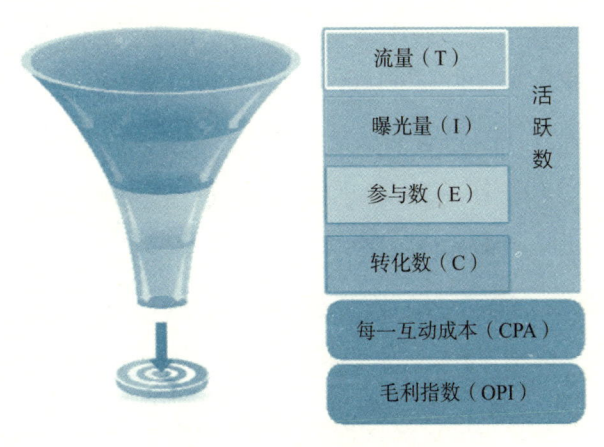

图 4-8　6个预测营销 KPI

流量

一开始，品牌会筛选出目标对象，一一地推送或投递信息，这个信息可能是一则数字广告、一封电子邮件或者一条短信，如果把预测营销的概念彻底执行，每一个消费者所看到的信息都会不一样[①]，而推送或投递信息的总量就是流量。

---

① 现在大部分的品牌都只做到为顾客贴标签，同一标签的顾客会收到相同内容的信息，离真正的大数据预测营销，还有一段距离要努力。

流量就是消费者可能接触到的品牌信息的潜在最大数量。事实上，流量的投递不会这么理想。不过，这个指标让你知道，品牌的覆盖面够不够广，是1万人、10万人或者100万人，也牵涉营销的成本，以及你对市场的期望。

曝光量

如果你投递信息给100万名消费者，实际上接收到信息的人可能不到一半，至于会是多少，主要跟几个因素有关：目标对象的定义是否精准、顾客的数据是否清理干净、信息的标题及内容是否有吸引力。

曝光在品牌信息下的不重复人流数量就是曝光量。所以，如果你推送信息给100万名消费者或发100万封Email给顾客，实际上看到这则信息的人可能只有40万人，这时你的曝光量是40万，曝光率[①]则是40%。

曝光量可以说是最基本的绩效指标，因为之后我们计算参与率及转化率都是基于这个基础。

参与数

你推送信息给消费者，或者你发送Email给顾客，但他们

---

① 曝光率 =（曝光量 ÷ 流量）× 100%。

不一定会看到你的信息或打开你的 Email，所以这个阶段我会关心到底有多少人参与了活动。参与数的计算包括点赞、留言、分享、点"more"、按链接、浏览照片、看影片、打开 Email 等。

我如果发送 Email 给会员，首先关心有多少人会打开（Open）这封邮件，计算出开信率（Open Rate）[1]。然后，比较每一次的开信率，就知道哪一次的活动比较有吸引力，同时不断优化。一般而言，开信率如果达到 30% 就算高，15% 应该是一般的水平。

如果是一则推荐产品促销的信息，就会关心有多少人点击（Click）这则促销广告，进入活动页面，浏览了照片，观看了影片，这些都是参与数，最后你需要算出一个参与率[2]，以便知道有多少比率的人进入了活动页面。

转化数

这四个预测指标，我最关心的是转化数。转化数，包括我们希望消费者或顾客的响应，比如下载文件、安装应用程序、填写问卷、注册成为会员、达成交易等。这几个转化行为，可以一开始就设定为你的营销目标。

例如这一系列活动要吸收 5 万名会员，达成 1 万个人

---

[1] 开信率 =（Email 的打开数 ÷ 流量）× 100%。此处的流量即寄信数。
[2] 参与率 =（某事件的参与数 ÷ 曝光量）× 100%。

次的交易。如果你的曝光量是40万，此时你会员的转化率[1]是12.5%［5/40×100%］；成交的转化率则为2.5%［1/40×100%］。

到了这里，你会发现开信率、参与率和转化率的共同分母都是曝光量，这是因为便于在共同的基础上做比较，解读数据相对来说会减少出现误判的概率。

作为一个营销活动的执行者，你会关心转化率，而且要尽一切努力提高转化率。而作为一个品牌的负责人，你更可能关心这一档活动有没有赚钱。财务的指标非常多，你关注的越多越无法集中焦点，所以我喜欢使用减法法则，只看最重要的两个。

每一互动成本

要知道一档活动有没有赚钱，首先你要计算，为了达成营销目标，也就是取得转化数所需付出的代价，由此可以计算出每一互动成本[2]。其中互动可以是一个赞、一个会员，或者一笔交易，依你设定的营销目标而定。不过，我总是比较关心完成一笔交易所需付出的代价，因为我想知道最后是否能够获利，所以互动就是成交与否。

---

[1]　转化率＝（某事件的转化数÷曝光量）×100%。
[2]　每一互动成本＝总变动成本÷转化数（或参与数）。

根据我辅导网络品牌客户的经验，我发现某个品牌的成交量越高，亏损越大，例如每多成交一笔就要亏损 160 元。这时，就可以拿这个数据去跟网络媒体谈判，争取降低广告费率，或改变计价的方式。

毛利指数

前面你看到的都是分类账，也就是每一个参与、每一次转化、每一次交易的成本。最后，我们必须来算总账，就是这一系列活动，你到底赚了多少钱，或者是赔了多少，你只要算出毛利指数[①]即可。

讲毛利指数前，先了解几个概念。毛利就是总收益减去总变动成本。总收益，就是总的交易收入。总变动成本指的是因一次活动所增加的成本，包括广告费用、发送电子邮件及短信支出、促销给消费者的现金优惠，加上产品的成本。

毛利指数的计算方式，就是毛利除以总收益，乘上 100；毛利指数如果是正的，就是有利润；如果是负的，代表做越多，赔越多；如果经过优化，毛利指数还是负的，就代表不能再执行这类活动了，而且必须改变策略。

例如，有一档活动，沟通了 150 000 的会员（流量、寄信

[①] 毛利指数 =（总收益 – 总变动成本）÷ 总收益 × 100。

数），开信数是 116 738，开信率是 77.83%。达成 1 800 笔交易（转化数），转化率是 1.54%，总净收入 324 000 元。这一波的活动的变动成本包括：短信费用 36 000 元（前 30% 顾客加强短信沟通）、现金折扣 180 000 元，以及 Email 寄送费用 0（Email 寄送为公司固定成本），所以总变动成本为 216 000 元。如果使用财务指标，每一单的互动成本是 120 元（216 000 ÷ 1 800），毛利指数是 33 [（324 000－216 000）÷ 216 000 × 100]，也就有毛利率 33%，是一个还不错的营销活动。

从以上的指标，一个个推演到这里，你会发现要提高毛利指数，就必须提高转化率，要提高转化率就必须提高参与率，要提高参与率就必须提高曝光率，每一环节都不能放过。

也许你也观察到，很多企业都在经营粉丝，而且会很自豪地告诉你，它们有多少粉丝。但是作为一个品牌的负责人，我最终关心的仍然是有多少获利。如果只是粉丝很多、留言很多、互动很多，但是却不创造利润，你很难一直说服老板。

在这个大数据时代，是广告人、营销人的机会，也是企业经营者的机会，因为我们有很好的工具及 KPI，可以一步一步优化 KPI，一直到挤出利润为止！

品牌笔记

大数据预测科学,就是"为某个事件进行一对一的预测"。对于大数据预测营销,品牌负责人不能只关心预测指标,更要重视财务指标。

第五章

新会员法则
大数据会员营销四部曲

企业若从第一天开始,就建立以会员为经营导向的文化,将在大数据时代,实现稳定而持续的增长。

还在经营粉丝吗？直接跟会员沟通才是王道

曾经有一位媒体人问我，企业一定需要经营品牌吗？我也常在想，当我们为企业工作了几十年后，到底为企业留下的什么资产[①]最有价值。

过去我也许会回答"一个响当当的营销活动，或者为企业创造很高的业绩"。但是，如果我们把时间放长了来看，我的答案会很不一样，企业经营的终极资产应是"品牌加会员"！

品牌代表了市场、定价权，也代表了利润，这个大家应该都知道。那为什么还要会员呢？有几个原因：一是现在市场趋近饱和；二是开发新顾客不容易；三是开发一个新顾客的成本，几乎是维持老顾客的5~10倍；四是业绩每个月会归零，但是会员会不断累积；五是手中有了会员，营销的成本将大幅度降低。

企业也不是今天才知道会员沟通的重要性，但是过去只有大公司，如银行、保险公司及知名精品品牌等才做得到，做得好，一般的中小公司或消费品公司，几乎是知道而做不

[①] 指的不是企业内部的资产，是从消费者的角度看的外部资产。

到。大数据时代给了我们一个很好的机会，主要是因为通过网络，沟通的成本大幅度降低了。

企业一窝蜂地投入数字营销、粉丝经营，最终它们发现每获得一位客人的营销成本很高。甚至有很多案例显示，从网络来的客人的每一笔交易，企业至少要损失100元以上，且难以建立品牌忠诚度，逼得很多企业不得不重新检讨，发现粉丝再多，不如会员在手来得有用！

消费品公司宝洁也曾抱怨数字营销太过狭隘，太多促销，对品牌的帮助有限，因而重新分配营销预算。经过20年的数字实践，商界也发现只有企业手中握有会员数据，能够直接跟会员沟通才是王道。

你也可能发现，过去不经营会员的公司，如便利商店、连锁超市、餐饮企业等，现在也大张旗鼓导入大数据顾问服务，或者推出App，开始经营会员了。

既然会员如此重要，那么企业建立一个以会员经营为导向的文化，俨然成为营销部门一个非常重要的课题。换句话说，从第一天开始，你策划的每一个营销活动，都要引导顾客成为会员！

对新顾客的营销，会历经一个复杂的营销传播流程，促使消费者行为的改变，最终成为新顾客。

在大数据时代，营销大师菲利普·科特勒（Philip Kotler）

提出了 5A 行为反应模式，包括知晓（Awareness）、诉求（Appeal）、询问（Ask）、行动（Action）、倡导（Advocate）。倡导，就是请客人推荐客人，背后的思维就是会员经营了，如图 5-1 所示。

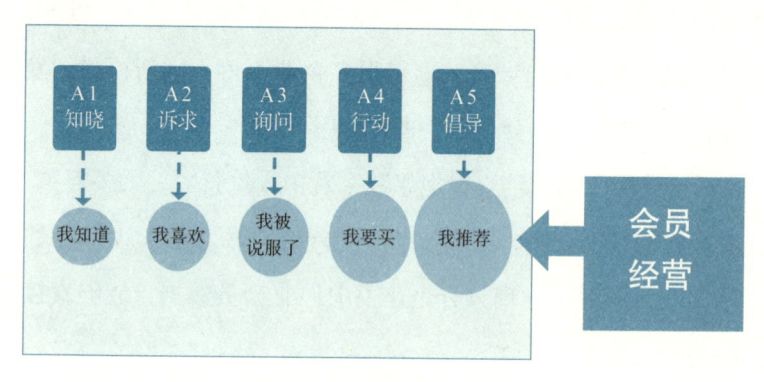

图 5-1　科特勒的 5A 模型

有一家新创公司叫天天清洁，专门做高质量居家清洁服务。它的创始者参加过我的几次演讲活动。记得他曾经跟我提过，公司成立初期几乎用尽了各种营销宣传手段，从到停车场去发传单、免费为早餐店提供印有自家公司联络方式的外带纸袋，到操作各种关键词营销、购买谷歌广告，等等，业绩始终没有起色，非常痛苦。

大约两年前，他说受到我第一本书[①]的启发，加倍注重服务质量，也开始经营会员。2018 年，会员营收占全部营收的

---
① 我的第一本书《多品牌成就王品》。

比例已经高于70%，公司的基础已经越来越稳健。现在，他已经不再用高成本去竞逐数字广告字段，而是聚焦在培养与会员的长期信任关系上。

从上面的例子可以看到，直接跟会员对话的作用超过你的想象。不过，我也观察到很多公司，在取得订单之后，营销活动就结束了；还有就是虽然收集到一些顾客数据，但是事后并未好好挖掘顾客数据的价值，可以说非常可惜。

所以，企业若从第一天开始，就建立以会员为经营导向的文化，将在大数据时代，为企业带来稳定而持续的增长。

品牌笔记

企业经营的终极资产会是"品牌"加"会员"！

大数据时代,你一定要了解的 6 种顾客

大数据预测营销,核心观念是将营销从大众、分众、小众,依次推进到个人,强调市场的组成不是产品,而是顾客。因此,我们在计算公司规模时,不再只看产品销售数字的增减,而会将重心放在不同顾客的贡献率上。

基本上,公司的营收就是由两大类顾客创造的,即潜在顾客与既有顾客。为了便于营销操作,我们又进一步将潜在顾客分成三种:准顾客、知道未买的顾客及完全不知道的顾客(见图 5-2)。

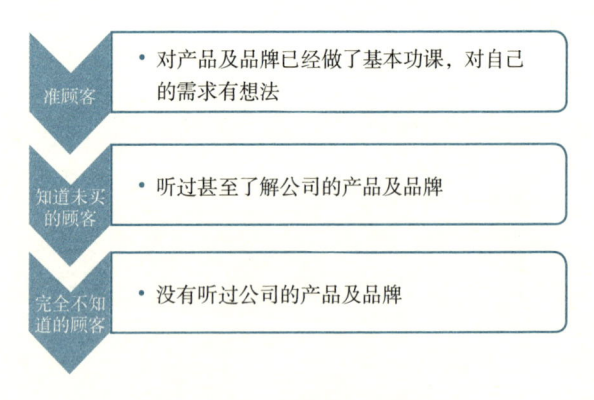

准顾客	• 对产品及品牌已经做了基本功课,对自己的需求有想法
知道未买的顾客	• 听过甚至了解公司的产品及品牌
完全不知道的顾客	• 没有听过公司的产品及品牌

图 5-2 三种潜在的顾客

准顾客,指的是对产品及品牌已经做了功课,也对自己

的需求有想法的潜在消费者,他们在等待最好的出手时机。

知道未买的顾客,指的是至少听过,甚至对公司产品或品牌略有了解的新顾客,此类消费群体对品牌或产品处于低关心度的状态。

完全不知道的顾客,指对公司及产品完全不了解的人,他们是最不需要花时间,或是不得已才要去开发的客人。

至于既有顾客,我也把他们分成三种:首购顾客、忠诚顾客及冬眠顾客(见图5-3)。因为公司当下的业绩,就是由这三种顾客所组成的,接下来,我会多花一点篇幅来讨论既有顾客。

首购顾客
- 第一次购买你产品的顾客

忠诚顾客
- 以频率分类
  - 1个购买周期内回购(高活跃度)
  - 2个购买周期内回购(中活跃度)
  - 3个购买周期内回购(低活跃度)
- 以价值分类
  - 高价值
  - 低价值

冬眠顾客
- 超过3个购买周期未回购的顾客

图5-3 三种既有顾客

首购顾客,是通过营销努力开发来的新客人,忠诚顾客,是对产品、服务满意,持续购买的客人。公司总体营收的来源，就是首购顾客及忠诚顾客。

因此，找出及维持首购顾客与忠诚顾客的黄金比例显得非常重要。对一个成熟品牌而言，这两种客人的比率是3:7，也就是有3成的新客人持续为品牌注入活力，再加上7成的忠诚支持者。

常常有人问我，新老顾客的黄金比例应该是多少。其实每个行业的情况都不同，这个问题并没有标准答案。但原则上，能维持业绩持续增长的新老顾客比例，就是品牌的黄金比例。

有些企业自豪于营收的90%都是由老顾客贡献的，但你若仔细了解，却发现它们的业绩是衰退的，说明品牌已经面临老化危机！

大数据时代，我们采用两种方法开发新顾客：一方面根据顾客在网络世界的行为，投放精准的广告；另一方面通过忠诚顾客的热情推荐与网络评价，来获取新顾客。

至于忠诚顾客，则必须分等级。在大数据时代，我整理了3组共10个顾客行为变量来对忠诚顾客分类，分别是RFM—4P—TCC，每一种划分方式都有对应的营销策略。

最后，来看冬眠顾客。顾名思义，这些顾客已经不再消费了，原因主要有两个：一是营销活动吸引的只是一些看热闹的人，他们仅仅浅尝辄止，不是品牌现在的目标对象；二是产品、服务出问题，把他们吓跑了，这是顾客进入冬眠的主要原因。

大数据时代，企业通过消费者使用的计算机、手机、平板电脑等互联网设备及大数据工具软件，可以很容易掌握顾客的行为轨迹。企业分析顾客的行为轨迹，可以进一步预测顾客的消费行为，一方面不断地吸引新顾客，另一方面让老顾客维持高活跃度。

这就是我常用来比喻的营销两手策略：一手握住手中的鸟，另一手到森林中不断抓来新的鸟，你的生意才会源源不绝。

因此，要经营好老顾客，就是要好好地握住手中的鸟，把它养得更肥、更大，那就是我要跟你分享的大数据会员经营策略了！

品牌笔记

营销"两手策略"：一手握住手中的鸟，另一手到森林中不断抓来新的鸟，你的生意才会源源不绝。

先决定会员类型，再决定如何营销！

大数据会员营销虽然很重要，但是盲目地投入会员的经营也是一场灾难。首先你需要认清会员的类型，再决定哪一种会员形态适合你所属的产业。根据我过去20年经营会员的经验及观察，我将会员制度分成5大类，也可以说有5个不同的级别（见图5–4）。

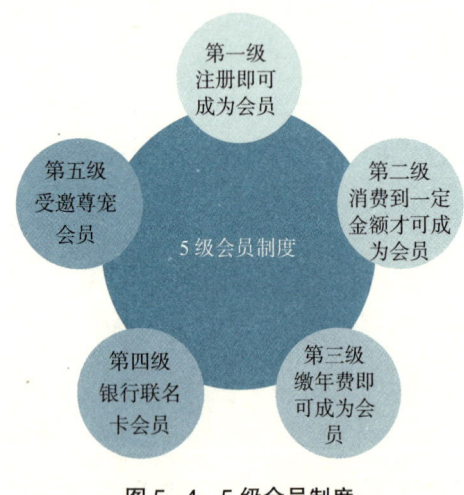

图5–4　5级会员制度

第一级：注册即可成为会员

新顾客加入这一类会员几乎是没有门槛的，不用交会费，也不需要先消费，甚至为了鼓励加入，还提供新人优惠或免费试用服务。例如优步、爱彼迎、Grab、瑞幸咖啡等平台，都会提供首次消费折抵、免费试用期或免费点数给注册用户。这一类会员制度的设计在于吸引更多新会员的加入。

第二级：消费到一定金额才可成为会员

这类公司鼓励消费者先消费，当消费达到一定金额即可申请成为会员，甚至设有会员等级，消费金额越高，会员等级越高，会员权益也会不同。例如，购买星巴克1 000元随行卡，即可注册成为星巴克新星级会员；单笔消费欧舒丹满6 000元即可成为普罗旺斯俱乐部会员。

这一类会员制度的设计，在于从经营忠诚顾客的角度出发，但各公司对会员资格的维持则有不同的规定。

第三级：交年费才可成为会员

这类会员制度的代表公司，在实体世界是开市客，在网络世界则是亚马逊。由于已经先收了会费，所以品牌提供的产品价格比一般顾客便宜很多，如开市客；或者提供额外的权益，如亚马逊为超过1亿名符合Prime级（最高级）的会员提供免运费的服务。

我研究这两家公司的财报，发现会员费甚至成为它们主要的利润或收入来源，如2016年，开市客的未含会员费的利润只有0.9%，而会员费占了该年利润的72%；亚马逊于2018年的会费收入高达142亿美元，占总营收2 329亿美元的6.1%[①]。因此，我认为这类公司的会员制度设计，是一种商业模式，而不仅仅是一种营销策略。

第四级：银行联名卡会员

经营会员不一定得自己来，通过跟银行合作发行联名卡也是一种方式，可以达到异业合作扩大客户圈层的目的。这类会员数据虽然不是放在自己公司，但是只要跟发卡行紧密合作，可以应用银行端的消费大数据，进一步巩固忠诚顾客，提升营收。例如王品集团与花旗银行合作推出的飨乐生活卡，曾经为公司带来将近20%的高营收。这级会员是由异业合作创造出来的，异业间讲究客户圈层互补与门当户对，所以自身的品牌也要有一定的影响力，才能创造合作的条件。

第五级：受邀尊宠会员

这一类的会员，不是任何人或只要有钱就可以加入的，你要有一定的社会地位或消费到很高的金额才会被邀请，它

---

① https://www.statista.com/statistics/672747/amazons-consolidated-net-revenue-by-segment/.

是一种尊荣、高贵的象征。此类会员所得到的礼遇也跟一般会员大大不一样。例如花旗银行的黑卡只有5%的卡友可以拿到，美国运通甚至把运通卡只发给1%顶级的用户。这类会员制度的设计，比较适合高单价、高消费或可以彰显身份的品牌，不是一般中小企业可以学习采用的。

如果你要经营会员，你得先想清楚你的行业或品牌适合哪一种会员制度。对于一般中小企业而言，可以参考的是第一级、第二级、第三级会员；当你的品牌进入另一个更高层次的需求时，你才需要去思考第四级、第五级会员的制度设计。

品牌笔记

大数据会员营销，首先需要认清会员的类型，再决定哪一种会员形态适合你所属的产业。

预测营销不是心理学，而是行为科学

当你根据企业发展的阶段及行业的特质，选定了会员制度后，为了后续会员的营销需要，你需要先为你手中的会员进行分群。

传统的营销学讲究STP，即先划分市场（Segmentation），然后设定目标客户群（Target），最后进行市场定位（Positioning）。如我在前文谈到的，这是一种商业分析的概念，也是一种平均数的概念。

然而在大数据时代，划分市场的方法，有了巨大改变。我们不再把地理区间、人口统计或心理特征当作变量，而是以消费行为来区分、预测顾客未来的行为（见图5-5）。也就是说，顾客会购买什么产品，取决于观察其他顾客的行为，以及该名顾客过去的行为。

大数据预测科学通过算法，来预测每一位顾客的行为；但在真正导入大数据预测科学算法前，我们仍然可以用简单的行为变量，来划分及预测顾客的行为。行为分类的方法很多，我归纳出三组变量，分别是RFM、4P与TCC（见图5-6）。

图 5-5　市场划分

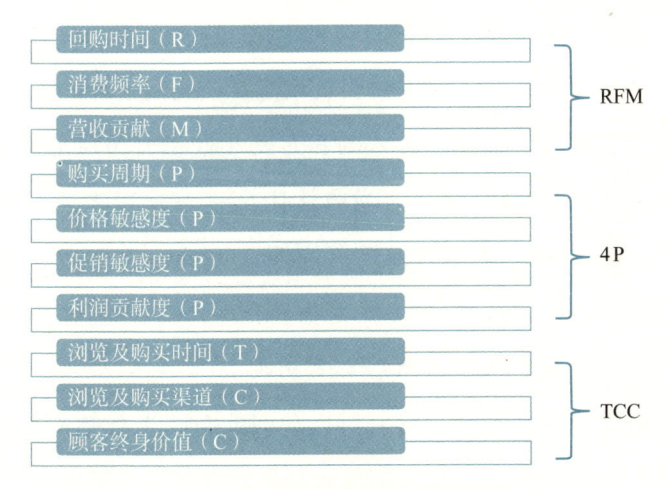

图 5-6　预测营销的行为分类

首先是 RFM，这是一般常用的方法，也就是根据客人的回购时间（Recency）、客人的消费频率（Frequency），以及客人对营收的贡献（Monetary）来分类。

以回购时间为例,我将既有的顾客分为第一次来的客人、近一年来的客人及超过一年以上未回来的客人。至于该如何划分客人回购的时间,是最近一年,还是最近三个月?取决于该产品的消费者购买周期。

消费频率,则是按照客人的消费次数加以排列。例如可以将最近一年来过的客人,按照1次到6次以上,算出每一种次数来的客人百分比。次数分配可以帮我们判断,谁是忠诚客人或频繁使用者。

营收贡献,则是顾客的购买金额,消费次数多的客人,不代表贡献金额高。所以营收贡献是要让我们了解谁是重要客户。根据二八法则,20%的客人极可能贡献80%的价值,把重要客人照顾好,基本的营收就有了。

其次是4P,就是按照购买周期(Purchase cycle)、价格敏感度(Price sensitive)、促销敏感度(Promotion sensitive)及利润贡献率(Profitability)加以分类。

购买周期因产品而异,可以和回购时间进行交叉分析。例如,出国旅游的购买周期可以是最近一年,到高级餐厅消费则是最近半年,而喝咖啡可能就是最近一周。

价格敏感度指的是同一类别的产品有不同的价格,但有的消费者会重视产品质量,选择质量较好,但价格较高的产品。反之,有的消费者只会选择价位较低的产品。

促销敏感度与价格敏感度类似,但每个人反应不同。有的消费者经济能力较好、生活较忙碌,并不在意促销活动;有的消费者平时根本不消费,只有促销时才购买。

利润贡献度的重要性在于,有时东西卖得好,不见得赚得多。所以我们会继续分析,哪些产品利润最大,哪些产品卖得多、赔得多。但是,企业如果抛弃不赚钱的产品,也可能是一种错误。因为这些产品可能就是带货产品,没有它,客人也不会来买其他产品。

最后是TCC,指的是消费者的浏览及购买时间(Timing);习惯在什么渠道浏览及购买(Channel),是否在线下浏览商品、在线购买,或者通通在线上或线下完成;以及顾客终身价值(Customer lifetime value)。顾客终身价值是可以被计算的,通常用来衡量该名顾客是否还有开发价值,以及是否值得花成本维护这个顾客。

总结来说,RFM-4P-TCC是一组对消费行为分类的指标,至于企业要采取哪一个变量来分类及预测顾客行为,依产品类别及行业特质会有不同。

RFM-4P-TCC也适用于会员分类及营销。在实际操作上,我们可以用RFM将会员分级,再以4P + TCC来做会员营销。

例如,最近一年(回购时间)消费10万元以上(营收贡献）的客人，具有金卡等级；同时，该名顾客数据显示为价格及促销敏感度低，因此，企业可以预测该名顾客的喜好，在他的生日月份推荐高质量及高单价的产品给该顾客，则成交的概率就会提高。

RFM-4P-TCC 的做法，比 STP 细致许多，更个人化，也兼顾企业获利与满足顾客喜好。这正是大数据的神奇之处。

品牌笔记

RFM-4P-TCC 适用于会员分类及营销，实践上可以用 RFM 将会员分级，再以 4P + TCC 来做会员营销。

大数据会员营销四部曲之以 RFM 为顾客群分级

当决定要用哪一个行为变量,来区分你的会员后,你就可以来为顾客分群分级了。当然,在分群分级之前,你的数据一定要经过清理。

现在,我要用大数据软件 Tableau 内建的 100 万笔超市数据集,来为你示范如何为客户群分级(见表 5-1)。

这个数据集至少包含以下字段:订单日期、顾客姓名、顾客类型、顾客区域、购买类别、类别细分、销售金额、数量、折扣及该笔交易的利润。当然要建构一个会员数据系统,你还得拥有顾客的联系方式数据,如手机或邮箱,否则就会面临数据字段不完整的问题。

按照前文讲过的 RFM,我就可以设定订单日期,计算回购时间(R)及消费频率(F),而营收贡献(M)则可以是销售金额或交易利润,这里我选择销售金额。

我把回购时间分为第一次来店发生交易的客人,以及最近 1 个月、最近 3 个月、6 个月、1 年及超过 1 年以上未产生交易的客人(见表 5-2)。

这样分类主要是因为第一次来的客人为新客人,有不同的营销意义。另外,每一个分类原则上就是一个购买周期,按照

表5-1 内建数据集

序号	订单编号	订单日期	顾客姓名	顾客类型	区域	产品大类	产品分类	销售额	销量	折扣量	利润
1	CA-2013-152156	2013/11/9	王雪	消费者	南部	家具	书柜	261.96	2	0	41.91
2	CA-2013-152156	2013/11/9	王雪	消费者	南部	家具	椅子	731.94	3	0	219.58
3	CA-2013-138688	2013/6/13	李木子	企业	西部	办公用品	标签	14.62	2	0	6.87
4	US-2012-108966	2012/10/11	赵冰	消费者	南部	家具	桌子	957.5775	5	0.45	-383.03
5	US-2012-108966	2012/10/11	赵冰	消费者	南部	办公用品	储藏箱	22.368	2	0.2	2.52
6	CA-2011-115812	2011/6/9	韩瑶	消费者	西部	家具	家具	48.86	7	0	14.17
7	CA-2011-115812	2011/6/9	韩瑶	消费者	西部	办公用品	艺术品	7.28	4	0	1.97
8	CA-2011-115812	2011/6/9	韩瑶	消费者	西部	科技用品	电话	907.152	6	0.2	90.72
9	CA-2011-115812	2011/6/9	韩瑶	消费者	西部	办公用品	夹子	18.504	3	0.2	5.78
10	CA-2011-115812	2011/6/9	韩瑶	消费者	西部	办公用品	家电	114.9	5	0	34.47
11	CA-2011-115812	2011/6/9	韩瑶	消费者	西部	科技用品	桌子	1706.184	9	0.2	85.31
12	CA-2014-114412	2014/4/16	陈吟	消费者	西部	办公用品	电话	911.424	4	0.2	68.36
13	CA-2013-161389	2013/12/6	陆红	家庭办公	南部	办公用品	纸	15.552	3	0.2	5.44
14	US-2012-118983	2012/11/22	李佳	消费者	中部	办公用品	夹子	407.976	3	0.2	132.59
15	US-2012-118983	2012/11/22	李佳	消费者	中部	家具	家电	68.81	5	0.8	-123.86
16	CA-2011-105893	2012/11/11	付山	消费者	中部	办公用品	夹子	2.544	3	0.8	-3.82
17	CA-2011-167164	2011/5/13	黄一	消费者	西部	办公用品	储藏箱	665.88	6	0	13.32
18	CA-2011-143336	2011/8/27	钱有	消费者	西部	办公用品	储藏箱	55.5	2	0	9.99
19	CA-2011-143336	2011/8/27	钱有	消费者	西部	办公用品	艺术品	8.56	2	0	2.48
20	CA-2011-143336	2011/8/27	钱有	消费者	西部	科技用品	电话	213.48	3	0.2	16.01

购买周期分类，就是为了未来预测营销能够提醒客人再度回来。

表 5-2　会员数据集按回购时间（R）分类

回购时间最近一次消费	会员数
第 1 次	1%
最近 1 个月	4%
最近 3 个月	15%
最近 6 个月	10%
最近 1 年	30%
超过 1 年	40%
假设：购买周期为 1 个月	超过 1 年未来的客人为冬眠客人

从表 5-2 可以发现，60%（1%+4%+15%+10%+30%）的客人 1 年内有交易行为，表示这个数据集的会员很活跃。另外，表 5-2 也过滤掉超过 1 年未消费的 40% 的会员，我把它设定为冬眠中的客人，营销上需要使用不同的方法把这些客人唤醒。

进一步的，我们再把这 60% 的客人，按照消费频率及贡献金额分类（见表 5-3）。

按照消费频率及消费金额分类，可以先分析所有活跃会员的平均交易次数及平均消费金额，往上或往下各分出 1~2 类，作为下一步将会员分级的依据。如表 5-3 所示，平均交易次数是 12.6 次，平均消费金额是 2 897 元。

表 5-3　会员资料集按消费频率及消费金额分类

最近一次消费	会员数	消费频率	消费金额（元）
第 1 次	1%	1 次	<999
最近 1 个月	4%	≥2 次	≥1000
最近 3 个月	15%	≥12 次	≥3000
最近 6 个月	10%	≥20 次	≥5000
最近 1 年	30%	≥32 次	≥8000
超过 1 年	40%	—	
假设：购买周期为 1 个月	超过 1 年未来的客人为冬眠客人	1 平均次数：12.6 次 2 中位数：12 次 3 最高次数：37 次 4 最少次数：1 次	1 平均客单值：2 897 2 中位数：2 256 3 最高客单值：22 638 4 最低客单值：0.444

会员分群分级的目的，就是要论功行赏。对于高等级的客人，企业可以用更高的礼遇把他们牢牢抓住；对于消费等级较低的客人，则要想办法让他们不要变心，继续消费。

经过 RFM 的交叉分析后，我们就可以来定义比较精确的会员等级，比如最近半年消费 8 000 元以上的客人设定为第一级；最近 1 年消费 12 次以上且消费金额达 8 000 元以上或者最近半年消费 12 次以上且消费金额是 3 000~8 000 元的客人为第二级；其他未在这两级的客人设定为第三级客人，如表 5-4 所示。

从这样的设计，你可能已经看出主要是鼓励会员常常来消费，或者短时间能够有较大的贡献，但是短时间内贡献不高的客人，如果回来消费的次数多，你也要给予重视。

表 5-4　以 RFM 将会员分为三级

I	II		III
回购时间：最近半年	回购时间：最近 1 年	回购时间：最近半年	回购时间：最近半年
消费频率：不限	消费频率：12+	消费频率：12+	消费频率：11 以下
消费金额：8 000 元以上	消费金额：8 000 元以上	消费金额：3 000~8 000 元	消费金额：不限

例如，有位客人常常到餐厅消费，但每次来都只点一道菜加一碗饭，消费金额不高，却是餐厅的老主顾，我们也很需要这种常常用脚投票支持品牌的客人。

有些航空公司，也会针对时常搭乘的旅客，就是所谓的常飞行旅客（frequent flyer），给予更高等级的会员资格。我有一段时间因为工作的关系，常常需要从台北到上海两地飞行。由于都是乘坐同一家航空公司的飞机，很快就成为该航空公司的金卡会员，享受行李优先通关的服务。

这样的分类，不只对实体品牌有用，对网络品牌如平台企业，也有同样的意义，也就是只要你有会员大数据，都能适用。

划分好会员等级后，你下一步的任务就是为这些不同等级命名。

首先，需要为整个会员计划命名，最不用动脑筋的名字

221

就是会员项目，星巴克的会员计划是星礼程，欧舒丹的会员计划是普罗旺斯俱乐部，新加坡航空的飞行常旅客计划则是KrisFlyer。项目的命名，是为了日后便于跟会员沟通与营销。

其次，就是要为每个会员等级命名，例如前述Ⅰ、Ⅱ、Ⅲ等级的会员，可以分别命名为金、银、铜级会员。星巴克的会员则命名为金星、绿星及新星。有些航空公司则将会员卡分成钻石卡、金卡、银卡、绿卡四个等级。银行为了给高消费客户更高的礼遇，也会设计白金卡、无限卡、世界卡，甚至黑卡会员。

会员命名有两个原则：一是要能区别每一个等级；二是更高等级的名称，要能让会员感受到更高的尊荣，产生想象的空间。

为顾客分群分级是大数据会员营销的第一步，目的是为了掌握顾客的消费行为，同时也是为了日后更好地营销。

有效的分群分级策略，将使营销的转化率大幅度提升；相反，错误的分群分级策略，将是一场徒劳无功的灾难！

品牌笔记

会员分群分级的目的，就是要论功行赏，大幅度提升营销的转化率。

大数据会员营销四部曲之设定会员分级权益

记得 15 年前,我跟一位同事到美国出差,我们一起办理登机手续,等下了飞机,到达行李转盘时,我的行李已经躺在那儿了。这种感觉真的很好,原来他是航空公司的金卡会员。这个优惠深深吸引了我,尤其对于商务旅客或搭乘晚班机到达的归心似箭的旅客,显得更有吸引力。

后来,我在上海工作,必须频繁地来往于上海和台湾之间,我决定也要拥有一张金卡。于是,在这两年期间,我固定乘坐长荣航空的航班,很快,我的会员等级从绿卡升到银卡,又到金卡,终于享受到航空公司给我的行李快速提领及其他贵宾礼遇。

这个事件说明会员权益设计的重要性。下列四个因素是企业在设计会员权益时所要考虑的。

首先,必须针对不同的会员等级,设定不同的游戏规则;而不同等级之间的会员权益,必须有区别且有吸引力。没有区别,就没有吸引力,比如金卡跟银卡、银卡跟绿卡的权益,如果没有很明显的不同,就不会令会员有想要一步一步升级的欲望,也就达不到把顾客留下来,消费更多产品或服务的目的。

很多淘宝会员及阿里买家都渴望成为 AlibabaPassport

（APASS）会员，因为APASS会员享有令人极为羡慕的权益，除了有每日一张退货保障卡、极速退款服务外，还有更多令人称羡的福利，如带着会员们去意大利品红酒、坐着豪华游轮出海、去米兰看时装周、在职业赛道试驾豪车等。这些都是一般人无法体验的顶级服务。

其次，会员权益的设计要考虑成本与效益的平衡。有一次，我辅导的一位客户，学习到会员权益设计的重要性，在一次制订忠诚会员的经营计划时，就大方地执行了买一送一的会员独享方案。我们可以想象，这次的转化率会非常高，但是每一单成交都是赔本的，因为这个客户的商业模式是收取手续费的，无法负担买一送一的成本，所以这次项目总共赔了几十万元。

会员权益与优惠的设计，没有办法照抄，必须根据每个行业的特性及产品本身的成本等因素而设计。

再次，给会员的权益可以分成六大类，即价格优惠型、服务扩大型、功能升级型、内容增值型、免费赠品型、现金或点数回馈型。

价格优惠型：即加入会员可以马上享受购物优惠，例如一旦成为花旗飨乐生活卡会员，即可享有在王品集团餐厅用餐9折、威秀影城买一送一优惠。另外，很多电商平台也偏好提供现金折抵消费，如发行100元优惠券给会员，作为购物折抵。

服务扩大型：即取得会员资格，可以享受更多的尊荣服务，例如前述APASS会员，享有极高的礼遇。

功能升级型：即一旦会员资格升级，就可以享有更高产品功能体验，例如选择网飞的最高会员等级，可以在不同的屏幕上（笔记本电脑、电视、手机和平板电脑）观看高画质影片。

内容增值型：即提供更好的产品组合给会员，例如，加入爱奇艺会员，则可观看只有会员才能观看的影片。

免费赠品型：即提供免费的产品或礼物给会员，例如星巴克金卡会员每累积35点可获赠中杯饮料一杯，信用卡公司也常赠送新用户行李箱等礼品。

现金或点数回馈型：指一旦消费即可累积点数或回馈现金，这是近年来非常受欢迎的会员回馈方式，例如，使用支付宝消费则可获赠红包，直接用于下一单的消费。

那么多种会员权益，你一定想知道企业最喜欢采用哪一种以及哪一种优惠最受顾客青睐。

根据我的观察，因行业而异。实体品牌偏爱免费赠品型、服务扩大型；消费品电商偏爱价格优惠型；内容平台偏爱内容增值型；工具类电商偏爱功能升级型；银行、航空公司及零售业偏爱现金或点数回馈型（见图5-7）。

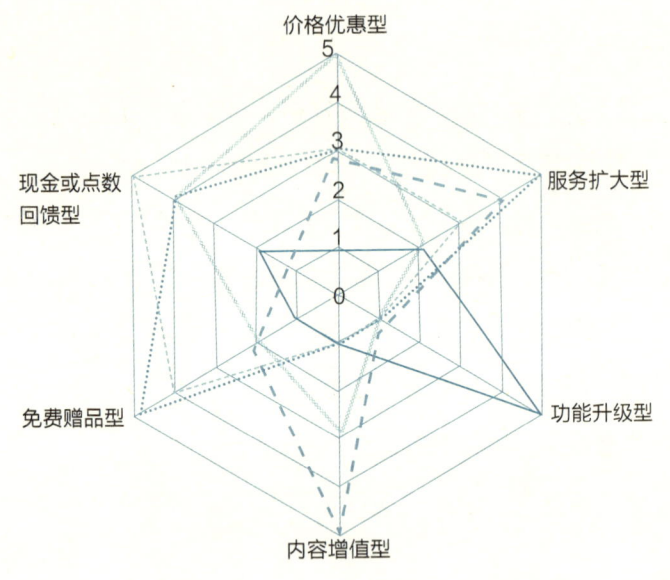

图 5-7 不同行业偏爱不同会员权益

最后,会员权益的设计,并不是永远不变的。若你已经累积了大量的金卡会员,而你的生意已经好到没有办法容纳这些会员,甚至会员的经营已经影响到公司利润的极大化,这时就可以考虑微调会员的权益,让金、银、铜等级的会员比率重新分配。这种情形可能会发生在空间体验型的商业模式中,如航空公司、星级酒店或者米其林餐厅等。这主要是因为有限的服务空间,无法像消费品行业一样,客人越多,买得越多,对企业越好。

为了预防这种情形的发生,有些行业已经把交易期间设定为获取权益条件的一部分,例如,新加坡航空公司规定,乘客必须一年内持续累积 50 000 千米里程,才能继续维持金卡的会员资格,就是一种动态的平衡。

有些零售业,也把消费期间当作保有会员权益的条件,我认为这是一个不完全恰当的设计。因为一般的零售业的产品是可以无限量销售的,理应会员多多益善,无须设定诸如一年内消费未达一万元,即取消会员资格的时间门槛。

完成会员权益的设计后,企业就要通过后台大量的实际数据,应用大数据分析的方法,评估会员的消费次数、金额、来店时间以及创造的利润,适时调整会员的权益设计,以达到利润的极大化。

然而,会员权益的设计是对会员的长期承诺,绝不可以短期内不断调整,尤其是调降权益等级。如果非调整不可,也要有排除条款,例如会员权益变更不溯及既往。毕竟,目前的会员,是因为过去的权益而加入的,不能轻易损失!

品牌笔记

> 会员权益的设计是对会员的长期承诺,绝不可以在短期内不断调整会员的权益,尤其是调降权益等级。

大数据会员营销四部曲之
创造入会渴望，大量吸引会员

我在出席各种演讲活动或与企业互动的场合中发现，很多企业并不是没有收集顾客数据，而是没有好好发挥数据的价值。有些企业甚至有庞大的顾客数据库，却将之束之高阁，每天还喊着生意难做。

这种现象，不仅仅发生在实体企业，也出现在很多网络公司，让我非常诧异。在这个大数据时代，有人把这种企业形容为坐在黄金上的乞丐，一点也不为过。

然而，如何把数据变成黄金？世上并没有简单的事。我把大数据会员营销分成三个阶段，由于涉及顾客的感受，每一个阶段都需要非常细腻的操作。

这三个阶段分别是入会前、入会时、入会后。

在潜在消费者入会前，企业就要告知他们所享有的顶级会员权益，目的就是让他们渴望立即成为会员。这个阶段所做的事决定这个会员系统能否成功。

会员的权益一定有很多，不必每个都拿出来说，他们只要知道最好的就可以了，就像手机的功能很多，但宣传时，营销人员不需要把每个功能都拿出来说，只要告诉消费者最主要的功能即可。

例如，阿联酋航空 A380 的头等舱豪华套间服务广告。詹妮弗·安妮斯顿（Jennifer Aniston）在飞机上享受水疗淋浴后，赫然发现一名小男孩占据了她的座位。接着，画面里出现了头等舱、商务舱以及摆满红酒及点心的贵宾休息室，让人们极度羡慕这样的顶级礼遇。然而，这岂是每个搭飞机的人都可以消费得起的？但是，它却勾起了每个人都想去尝试一次的念头。

另外，星巴克是现在少数还在发行实体卡的企业。我有两张星巴克金卡，上面还印有我的名字。我发现我身边的朋友还会拿出来炫耀，只因为这张卡上面有她/他的名字，而且看起来俨然像是一张镀金的卡。

这两个例子告诉我们，你要尽可能地把最好的服务或最大的优惠摆在消费者眼前，同时详细说明各种权益的价值，最终的目的就是让消费者成为会员。

自消费者加入会员那一刻开始，你就要给她/他绝佳的体验。这时企业至少可以做两件事：一是立即给会员发一封欢迎信，二是告知会员享有的权益。

欢迎信可以是一封电子邮件、一通电话、一则短信，或者是一条推送信息，视行业特质而定。告知会员应有的权益，包括会员如何行使用户权益及各种限制条件，这方面做得最好的行业是银行业。

最后,我要再强调一次,一个以会员为经营导向的公司,一切营销活动的设计,最终目的都是要将消费者引导成为会员!

品牌笔记

大数据会员营销分成入会前、入会时、入会后三个阶段,每一个阶段都需要非常细腻的操作,因为它涉及"人"的感受。

大数据会员营销四部曲之会员营销，创造高业绩

我相信你也曾经加入各种品牌的会员，但是，是不是大部分在你填了数据之后，它们就与你失联了呢？

身为一个铁粉，最期待的是该品牌会跟我产生哪一些互动。我把它归为四类活动：权益营销、预测营销、互动营销及全员营销（见图5-8）。

图5-8 四大类会员营销

我发现许多公司很努力地设计会员权益，最后却没有好好跟消费者沟通，消费者不知道权益等于没有权益。

权益营销，就是要用后台的大数据，监测会员的消费状况，提醒会员可以不断升级，享受更高的权益。例如，星巴

克会提醒你，只要再累积 30 点就可以免费获赠一杯中杯饮料；电商提醒你只要消费金额累积到 500 元，就可以享有免运费服务；航空公司提醒你只要再飞行一趟或者再增加多少里程，就可以升级为金卡会员，享受行李通关的快速服务。

这样的例子非常多。权益营销的重点是让会员知道有更高的权益等着他，吸引他努力消费，甚至养成消费习惯，把铁粉养成金粉。

预测营销，就是要用大数据的概念，建立模块，预测顾客的消费行为，适时推荐他们需要的产品。预测营销可以再分为一般购买行为预测及产品购买周期预测。

先来说一说一般购买行为预测营销。

预测营销通过算法模块，可以预测一名高中女生已经怀孕，并寄送婴儿服装及孕妇服装的宣传册给她，而她的爸爸此时还蒙在鼓里。

预测营销可通过关联法则来实现。亚马逊及沃尔玛等零售商，可以知道消费者购买货品之间的关系，在你买了 A 产品后推荐你买 B 产品，或者把 B 产品陈列在 A 产品旁边，大大增加成交的机会，亚马逊甚至有 30% 的营收来自预测营销。

通过购买行为也可以预测消费者的购买倾向，例如对于购买低单价产品的顾客，将促销的产品推荐给他们；对于喜欢购买高单价产品或高价值品牌的客人，则将高价值的产品组合或新产品推荐给他们。

产品购买周期预测是简单又易于理解的预测方式，因为大部分的产品都有很明显的购买周期，例如可能得多人每天都要来一杯咖啡，朋友聚餐每个月至少一次，一些人也许一季只能去一回高级餐厅，学生每个学期都要买一些文具用品，一个家庭每年至少出国旅游一次等。你只要掌握每一类产品的购买周期，在消费者购买日期之前，推送必要的产品信息、优惠方案给他们，就可以大大提高产品的购买机会，为公司创造更高营收。

产品购买周期预测是结合消费者行为的预测方法，例如你可以将所有顾客划分为一个购买周期回来、两个购买周期回来、三个购买周期回来，以及超过三个购买周期未回来的客人，且分别制订不同的营销方案。

例如：对于一个购买周期内回来一次以上的顾客，表示其对品牌及产品的忠诚度及支持度都比较高，可以进一步推荐关联性的产品组合，进行交叉营销，提高营收。对于超过一个购买周期尚未回来的顾客，可以发送提醒信息（如问候），加强对顾客的关心，引起他们的注意。对于超过两个购买周期尚未回来的顾客，表示这位顾客准备进入"冬眠"的状态，你必须设计更有吸引力的优惠方案，来吸引顾客回购。

最后，对于超过三个购买周期尚未回来的客人，表示该名顾客可能已经离你而去，如果经过多次的沟通仍未取得任何响应（例如未开邮件、未读信息），表示你应在该顾客的资料上做记录，放弃这名顾客了。

我曾和花旗银行飨乐生活卡的营销部门合作，为了唤醒沉睡中的顾客，包装了一个顶级贵宾回购的超高优惠活动，结果回来的顾客还不到2%，这说明顾客一旦进入沉睡状态，就很难再被唤醒。

所以，营销的目标：一是避免顾客进入沉睡状态；二是如果你有超过30%的沉睡顾客，你需要好好了解这些顾客不回来的原因。

互动营销，就是邀请消费者参加专属的活动，分为一对一的线上活动与一对多的线下活动。

一对一的线上互动活动包括很多内容，例如，请消费者回来填写未完成的个人资料，分享产品信息或文章，填写消费评价或者参加线上游戏活动。只要消费者完成互动，即给予奖赏，可以大大增加消费者的黏性，并创造购买机会。

一对多的线下互动活动，通常是为忠诚粉丝或顶级会员举办的专属活动，例如金星之夜、包场派对、百货公司的封馆预购、小米的米粉节等。这类活动的举办成本很高，但却可以创造高价值会员的认同感，因而可创造更高价值的消费机会。

全员营销，也就是只要是会员，不分等级，都可以参加活动，包括购前提醒、购后致谢、生日祝福、结婚纪念日庆祝、节庆关怀及新品信息告知 6 小类。这类活动的目的不在于销售，而在于你的关心与在乎，不是在想要卖产品的时候才出现（见图 5-9）。

图 5-9　全员营销时机

购前提醒，是消费者只要已经预约了某项服务，把货品放在购物车或在餐厅订了位，就可以发个温馨的提醒。购后致谢，就是感谢消费者的购买及光临，同时也可以邀请消费者填写满意度问卷或评价。生日祝福及结婚纪念日，则是人生中最重要的时刻。根据我的经验，这两个节日可以为餐厅带来三分之一的营收。节庆关怀，则包括主要节日的问候：春节、端午节、母亲节、情人节、中秋节等。

当你掌握了会员数据之后，会发现还有很多事情可以做，至少有两件事我觉得很有效：一是 MGM，二是异业合作。这两点在前文也都有详细的讲述。

MGM，就是请现有的会员去邀请新会员加入，成功后双方都会获得优惠，无论是传统品牌或网络品牌都非常适合。最常见的例子，就是优步鼓励已有司机，邀请新司机加入平台；信用卡公司请持卡人介绍新卡友，一旦成功，双方都能得到奖励。

有的公司，甚至把会员资格扩大为家庭或朋友共享，开市客是最早这么做的零售品牌之一。Apple Music 允许顾客邀请家庭成员共享音乐，一人购买，全家受惠，大大增加会员的黏着度。电商巨人亚马逊，则在调整会员费时，推出家庭会员，每一个家庭用户可以包括两名成年人、四名青少年和四名孩童，让会员数量成倍增长。

异业合作，即当你手握庞大的会员数据，你赚的就不仅仅是会员的钱了。你可以通过异业合作，一来为你的会员争取权益，二来提高会员的贡献。2015 年，我负责管理 14 个品牌，会员总数超过 1 000 万，比较新的品牌有 30 万会员，老一点的品牌有的超过 200 万会员。当品牌的忠诚顾客超过 10 万时，我的团队开始对外寻求异业合作，以为对方宣传的方式，替顾客争取到很多试吃、试用、礼品、抽奖、优惠券等好处，记得当时募集到的各种产品赞助项目，包括化妆品、保养品、食品、机票、手机、平板电脑等。因此，到了后期，我们送给顾客的礼物，都是通过异业合作获得的，不像早期，还要公司自己出钱采购。

异业合作是一种互惠的概念，当你得到跨品牌业者的"赞助"时，就要应用你手上的强大武器——会员，把对方的品牌信息摆在最明显的位置，通过网络及实体的店面为它宣传。这些信息，除了你的会员会看到，其他的品牌商也会看到，这样既可以吸引更多的会员去消费，又会吸引来更多的合作对象，一举多得。

入会后的营销活动是大数据营销最精彩的一部分，也是最有机会为公司不断创造营收的一部分。但是我发现，很多公司把会员招来以后，通常不作为，不互动或少互动，可以说非常可惜。

我认为要最大限度地发挥大数据会员经营的价值，就要在品牌营销组织之下，设立一个独立的小组，结合大数据人才以及营销人才，专门来经营会员。根据我的经验以及观察国际上电子商务崛起的历程，这项投资非常值得！

品牌笔记

要彻底发挥大数据会员经营的价值，要在品牌营销组织之下，设立一个独立的小组，结合大数据以及营销方面的人才，专门来经营会员。

第六章

打破迷思
品牌的不败法则

要建立一个成功的品牌,战略与战术必须齐头并进。

大数据营销的迷思

我已经跟大家介绍了大数据的好处,它可以应用在抓恐怖分子、预测谁会得阿尔茨海默病、提升公司利润等方面。看起来大数据所到之处,无所不能。但真的是这样吗?

在这里,就是要告诉大家,大数据也有它的不足之处,不要陷入大数据无所不能的迷思之中,甚至影响数据的判读。

第一,大数据并不单纯是来自网络的数据,来自实体世界及虚拟世界的数字、文字、图片、影音都可以是大数据。例如来自实体企业的ERP数据及虚拟世界网络的数据,都可以是大数据的一部分。

第二,大数据营销也只是品牌营销的一部分。大数据科学虽然是所有O2O营销媒体背后的分析与演算工具(见图6-1),但大数据营销也只是360度建立品牌的众多营销手法中的一种。建立品牌的方式还有事件营销、公共关系、店铺营销等多种方式(见图6-2)。

第三,大数据忽略了外在环境变动对未来行为的影响,包括经济环境、竞争者对消费行为的影响。你可能已经注意到,大数据营销是建立在过去实际发生的数据基础上的,例如消费者的购买数据、人们观赏影片的行为、顾客常去的店

第六章 打破迷思：品牌的不败法则

图 6-1 O2O 媒体工具

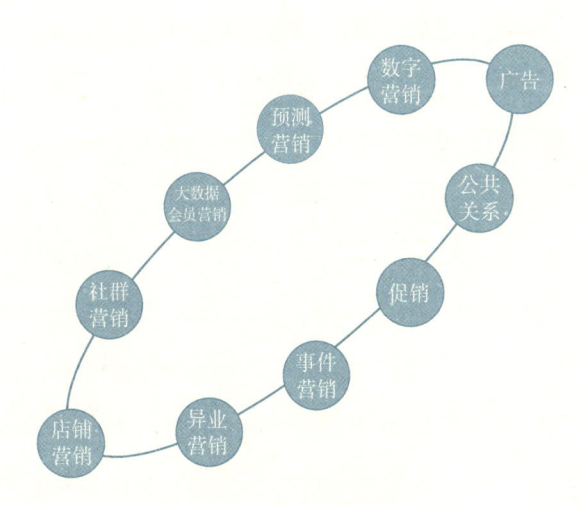

图 6-2 360 度品牌营销

等行为轨迹等。在稳定的环境下,这些行为容易被预测,而在变动的环境下,这些行为则难以捉摸!

例如,根据大数据判断,某位顾客会持续购买高单价的产品,但是因为经济不景气,该顾客消费趋于保守,开始买性价比高的产品;又如,预测某名顾客在一个购买周期后,会再回该店消费,但是隔壁开了一家人气店,他就被吸引过去了。同样的道理,某电商预测你买了A产品后,应该会买B产品,但是C产品正在做年度大甩卖,消费者因此也变心了。

第四,解决问题还需要问对问题,才能对症下药。还记得幼儿园老师问"树上有十只鸟,猎人开枪打死了一只,树上还剩几只鸟"的故事吗?这则故事看似不可能发生,但也说明了不同的问题会有不同的答案,尤其我们要找出问题背后的问题。

第五,大数据分析提供的方案再多,解决问题还得靠人做出正确的判断。例如,海外的消费者通过官方网页浏览一家公司的资料发现,这几年该公司业绩大幅度增长,看来直接到海外投资获利更佳。然而,真的可以直接到海外投资吗?这里面包括对海外市场的了解、对公司资源的评估以及投入时间的选择等的考虑,所以大数据必须仰赖有经验的专家的观点及解读,就是所谓的观点驱动数据。

第六，当品牌形象出现问题的时候，采取什么样的大数据营销都是无用的。消费者对一个品牌失去好感时，无论通过什么大数据分析、预测、推荐，都不再引起消费者的兴趣。市场上不乏这类的品牌，逆势而为，不断促销，打折打到骨折，都救不了这个品牌。这个时候最重要的事，就是品牌再造，而不是依赖大数据或者任何营销手段。

我并不是要唱衰大数据，而是要告诉大家，大数据在被神化的同时，也有它的局限性。当然，这个时代没有大数据，也是万万不能的！

品牌笔记

大数据也有不足之处，不要陷入大数据无所不能的"迷思"之中，否则，可能影响数据的判读。

不败的品牌成功法则

20世纪末,网络崛起,大众媒体营销式微,数字营销开始崛起。你如果不参与这场数字大戏,会感觉已经跟不上时代了。

一时之间,全球最大的广告主宝洁、联合利华等,每年投入数字广告的预算都大幅增加。而数字营销天马行空的创意,缺乏品牌意识的中心思想,不但对品牌的建立没有帮助,而且导致不断的价格战。宝洁终于宣布,重新调整营销资源的战略分配。

经过了20年的发展,企业界终于发现,数字营销不能光放任创意在网络上横行,而不顾及品牌的建设。同理,大数据预测营销,虽然成为今日的显学,仍然必须不忘初衷,大数据也是用来建立品牌的,就像建立品牌需要大数据一般,不可偏离。

所以,未来想要建立一个成功的品牌,战略与战术必须齐头并进(见图6-3)。在战略上,企业要持续建立品牌的有形资产及无形资产,包括品牌的知名度、各项背书资产(如认证、专利)、质量的认知度、品牌忠诚度及消费者对品牌的正面联想力。

策略性	经营品牌资产
战术性	会员经营　　大数据营销

图6-3　不败的品牌成功法则

在战术上，企业要善用大数据营销及会员经营，再结合各种营销工具与消费者沟通，不论是用传统广告，还是数字营销、粉丝深耕、影音直播等。未来所有的营销工具都会在大数据的监控之下执行，而所有的营销活动都必须有能力转化为会员经营。

有人认为，电商或平台不需要品牌，只需要打价格战，真的是这样吗？当外来的虾皮（Shopee）夹带大量资本进入台湾，而消费者还愿意支持PChome，就因为它过去20年所积累的口碑。

当消费者有很多选择时，品牌的定位显得更重要。例如，同样的东西，我总会到citisocial（台湾电商平台）去买，因为citisocial的定位是"找好东西"；我在美国进修期间，出外旅游总是选择Viator，因为Viator的定位是"跟着内行人去旅行"。

同样的道理，领英把自己定位在一个专业人士的交流平台，吸引了各种职业与职务人员来平台交流；Restaurantware清晰地把自己定位为一切餐饮用品、设备的交易平台，因此无论我是想要开餐厅、酒吧或者咖啡馆，都可以在这里找到开店所需要的物品。

这些品牌，虽然不一定是市场上的第一品牌，但是因为定位得宜，也都能在消费者心中占有一席之地。

当我做了选择时，只要这些品牌不让我失望，就在我心中建立了无形的品牌形象，其他品牌不是一下子可以打破的。

在一次演讲中，有人疑惑地问我，产品不好也可以靠品牌包装吗？我才惊觉，我们在谈如何建立品牌时，没有特别提到产品。事实上，当我们在谈品牌时，是假设产品特色及商业模式已经被消费者接受的，因为商业模式及产品必须走在品牌之前，毕竟没有好产品，就没有好品牌！

靠营销打造的品牌，是不会持久的！反过来说，每个公司都会认为自己有一个好产品，如果光有好产品，没有好的品牌营销，好产品也会埋没在茫茫的产品中。

我喜欢用一个例子来分享品牌经营的心得：我们实在不必汲汲于一匹黑骏马，而是要努力孕育出脚下的大草原。明年的春天，自然有一群黑骏马，来到肥沃的草原上。

最后，我要引用中小企业领导者常常问我的一个问题以及我的回答，作为送给你的最后一句话。

中小企业的问题是：我们没有那么多的营销资源及人才，就没有办法做品牌了吗？

我的回答是：了解消费者的问题，满足消费者的需求，创造良好的口碑，就是建立品牌的快捷方式！

我还有一件事想跟你分享。当人们听完我的演讲时，他们常常也都觉得现在是改变的时候了，而且想要知道如何改变。这确实是一个大问题。

在这个大数据时代，今天的信息与知识，可能明天就不适用了，所以面对改变唯一不能变的就是知识与勇气。

知识，就是每天吸收新知，不让信息与知识过期；勇气，就是拥抱你的新知识，勇敢踏出第一步，重塑你个人或你经营的企业。

谢谢你耐心看完全书，若是能对你的工作及品牌经营带来帮助，将是我最大的成就感。如果对本书有任何心得，也非常欢迎你能和我分享。

品牌笔记

未来想要建立一个成功的品牌，战略与战术，必须齐头并进。在战略上，要持续建立品牌的有形及无形资产；在战术上，要善用大数据营销及会员经营。